学研の
ヒューマンケア
ブックス

発達障害のある子の
困り感に寄り添う支援

佐藤　暁

学研

発達障害のある子の困り感に寄り添う支援

まえがき

この数年間、延べにすると八〇〇あまりの学校や保育園・幼稚園を訪ねてきた。この本に盛り込まれたたくさんの事例はすべて、そこで筆者が出会った子どもや先生、そして保護者とのあいだで、実際に起こったことや話題になったことがらに基づいている。もちろん、プライバシーが特定されないよう、大幅な脚色を加えているので、まったくのノンフィクションとまではいかない。しかし、いずれの事例においても、筆者なりの切り口から見て、本質にあたると思われる内容だけは失われないようにした。

ところで、本書を執筆する際に常に心がけたのは、多くの先生方や保護者の方々が投げかけてくれた疑問や課題に対して、できるだけ「端的に」に答えることだった。的はずれなことを言わないようにするためには、どうしても「実践」が必要である。自分でやって確かめたこと、そして誠実に実践を積んできた人たちから学んだことだけを書いた。

そして、もう一つ。これはとても欲張りなことなのだが、寄せられた質問すべてを網羅したかった。具体的な支援の手立てや保護者とのかかわり方をはじめ、挙げればきりがない。学校を訪問して何を尋ねられても、「ここに、簡単にまとめてあります」

と言って渡せる資料を、筆者自身がほしかったのである。

そういう動機から作られた単行本なので、必要なときにその部分だけを読めばまとまった知識が得られるよう工夫した。少なくとも章単位では、どこから読み始めてもいいように構成してある。

さらに付け加えるとすれば、現場で「そのまま使える」資料を差し込んだ。個別の指導計画のひな型や学校生活と家庭生活のチェックリスト、そして保護者に説明をする際の資料などである。校内研修などに利用してもらえれば幸いである。

「使用上の注意」のようになってしまった。ここまでが、まえがきの前半である。

後半では、はじめから順に読んでいただける読者に向けて、この本全体に通底する筆者の思いをお伝えしたい。二つある。

一つは、支援の対象とする子どもを、発達障害のある子どもに限定しないことである。この点は、第9章でとり上げている。

どこの教室を見ても、何かにつけて困っている子どもたちがいる。たしかに、「困っている」から、すぐに「支援が必要だ」ということにはならない。とは言え、やはり子どもが「困り感」を抱いている以上、彼らを「支援が必要な子ども」として、いつでも受け入れられるようにしておきたい。

学校における教育支援の基本的な立場は、こうした「支援が必要な子ども」すべてを対象とした実践を行うことである。もちろん、この中にはＬＤ、ＡＤＨＤ、高機能自閉症といった発達障害のある子どもも含まれている。しかし、「障害がある」という理由で、その子たちだけに特別な支援を行うというやり方は、かえって学級あるいは学校全体の支援のバランスを崩すことになる。同じように教師のかかわりを求めてくる子どもは、教師の対応の違いに不公平感を持ちやすい。

さて、お伝えしたいことのもう一つは、「個別支援と学級経営との相補的支援」という考え方である。これは、すべての章に関連したテーマであるが、特に第6章では、「低学年学級崩壊」とからめて詳述した。

特別支援教育というと、「個別支援」や本人の「自立」といった、「個」の育ちにばかり目が奪われがちである。しかし、本文でも触れたように、集団としての機能が失われた学級では、「個別支援」がまったく通用しなくなる。それどころか、逆効果にさえなるのである。

クラスに数人、立ち歩く子どもがいるというので教室を訪ねると、深刻な学級崩壊に陥っていることがある。すぐに、学級経営の立て直しを提案する。ところが担任は、「それよりも、この子たちを落ち着かせる手立てはないのか」と訴える。気持ちはよく分かるのだが、こういう場合その子たちだけに手を打ったのでは、問題は解決しない。

一方、担任による巧みな集団づくりによって、子どもが見違えるほど生き生きすることがある。そういう事実を、筆者はたくさんの教室で見てきた。簡単に、「集団の力」と言って片づけないでほしい。それを支えているのは、ちみつな計画と細かに配慮された手立てに裏打ちされた学級経営なのである。

「個別支援」と「学級経営」は、車の両輪のようなものである。始まったばかりの特別支援教育ではあるが、この視点はもっと強調されて良いのではないかと思う。


まえがきを閉じるにあたって、二点ほどお断りしておきたいことがある。

第一点は、障害の診断名についてである。本書では、「発達障害」を、ＬＤ、ＡＤＨＤ、高機能自閉症・アスペルガー症候群を包括する概念とした。教育の現場では、診断名の違いによって、支援の方法が異なるということは少ない。むしろ、共通した支援の手立てのほうが豊富にある。したがって、この本では、障害別に支援の方法を記述することはやめ、「発達障害のある子どもの教育支援」としてくることにした。

第二点は、事例やエピソードに登場する子どもや教師の名前である。こちらは、すべて仮名にした。

平成一六年八月

佐藤　暁

発達障害のある子の
困り感に寄り添う支援

目次

第1章

発達障害のある子どもの「困り感」とその背景に気づく

小3の理科の時間だった。植物観察をするために，ノートと色鉛筆を持ってクラスの子どもたちとともに中庭に出てきた拓真君。ほかの子どもたちがスケッチを始めても，友だちのノートをのぞき込んでいるだけである。「かかないの？」と問いかけると，「いい」と答えて立ち去ってしまった。担任によれば，彼は「したくない」のだという。拓真君は，これといったことをしないまま，この時間を過ごした。

教室に戻り，後ろに掲示してある彼の日記を見た。しまったと思った。書いてある内容はしっかりしているのだが，それにしても文字のバランスが極端に悪い。形を整えて書き写すのがうまくできないようだった。学習障害が疑われた。これでは，絵をかこうにも形にならなかったのだろう。

拓真君は，話をしてみるとたいへん聡明な子どもだった。決してやる気がなかったわけではない。みんなと同じようにスケッチしたかったのだが，どう描いたらいいのか分からずに困っていたのである。そこに，担任は気づいてやることができなかった。

保育園・幼稚園や学校では、子どもの「障害」そのものを扱うのでなしに、「障害」によって引き起こされる子どもの「困り感」に対応した支援が行われなくてはならない。そのためには、発達障害があることで、子どもがどういった「困り感」を抱いているのかを、教師はよく知っておく必要がある。

第1章では、発達障害のある子どもに見られる「困り感」の代表例をいくつかとり上げ、具体的に解説する。

子どもの「困り感」と発達障害

子どもの「困り感」

●「困っている」と自分からは言えない

扉のエピソードに登場した拓真君は、三年生とは思えないほどしっかりした子どもだった。にもかかわらず、書写や絵のできばえがひどく悪かった。学習障害が疑われた。

拓真君は、やる気がないわけではなかった。しかし、うまくスケッチすることができずに困っていたのである。

子どもは、自分が困っていることを、ことばでうまく表現することができない。忘れ物一つにしても、なくて困っていながら、なければないで、そのままぼんやりしている子どもが多い。だから、教師が気づく必要がある。支援はそこから始まる。

●あとになって気づく「困り感」

そのとき困っている実感がなくても、あとになって「あのときは困っていたのだ」と思い起こすことがある。

事例（小三）
ちょっとしたヒントを与える

三年生の洋輔君は、漢字を覚えるのが苦手である。その日の宿題では、「長」という漢字をノートに練習することになっていた。最初の三文字まではなんとか正しく書けていたのだが、途中から、「長」と書き誤ってしまった。

そこで、「長いという字は、ひげなしだよ」と伝え、早速ひげなしの正しい「長」を何個か書かせた。一週間後、書こうとする前に「長いという字は？」と確認すると、「ひげなし！」と答えが返ってきた。以来、この漢字を間違えることはなくなった。

「こんな覚え方があるのだったら、早く教えてくれればいいのに」と、洋輔君には思えたかもしれない。ひとたび便利な方法が見つかると、それまでいかに不自由していたのかが、あらためて分かるものである。解消されてはじめて気づく「困り感」を、子どもは抱えている。

●大人になったら困る

一方、そのときに困っていなくても、このままでは大人になって困るのが明白だということはいくらでもある。教師として、教えるべきことは、きちんと教えておきたい。

勉強のことももちろんだが、やはり大切なのは人間関係や社会性に関することがらである。ことば遣いや身だしなみ、そして場に応じた振る舞い方など、身につけておかないと、どれだけ社会に出て困ることか。大きくなったことがない子どもには、それが分からない。

発達障害という視点から「困り感」に気づく

●発達障害という視点

しばしば友だちとのトラブルを起こす子どもがいる。ちょっとしたことで友だちからとがめられると、すぐに手が出てしまう。たたいてはいけない、たたかれた相手は傷ついているのだと何度も言って聞かせるのだが、しばらくすると、また同じことを繰り返す。

こうした子どもへの支援を検討する場合、まずは、その子を理解するための様々な視点を持つ必要がある。

例えば、単にわがままが強いだけなのか（育ちや性格という視点）、学級の中で、何かおもしろくないことがあるのか（集団への適応という視点）、それとも、家庭で何か心配なことがあるのか（家庭環境という視点）などである。

しかし、トラブルがたび重なったり、ますますエスカレートしてくると、もはやこれらの視点だけでは、その子の行動が説明できなくなる。「あの子は、よく分からない」という話になってしまうのである。

このようなときに、「発達障害」という視点をもち込んでみると、「そういうことだったのか」と納得できることがある。自閉症の子どもは、他人から責められることに対して、ひどく敏感に反応してしまう。

そのうえ、反論しようにも自分の思いをうまくことばで伝えられない。ささいなことでいらだち、トラブルを繰り返すこの子どもには、発達障害が疑われるのである。

●発達障害がもたらす子どもの「困り感」

発達障害という視点をとり入れたとしても、単にこれを子どもの行動と結び付けるだけではいけない。

大切なことは、発達障害があることで、子どもがどういった「困り感」を抱いているのかを、しっかりくみ取ることである。「なるほど、自閉症だからあのような行動をとるのだ」とか、「読みがたどたどしいのは、学習障害があるからだ」などと、うわべだけの理解をしてそれっきりというのではなにもならない。

発達障害のある子どもには、行動上・発達上に共通した特徴が認められる。そしてそれが、日常の学習場面や生活場面で、ある程度典型的な「困り感」を子どもにもたらす。

次節では、ＬＤ（学習障害）、ＡＤＨＤ（注意欠陥多動性障害）、高機能自閉症・アスペルガー症候群といった発達障害のある子どもが抱く「困り感」の代表例を、事例をまじえて紹介する。

子どもの「困り感」とその背景

ＬＤの子どもの「困り感」

●ともかく書くのがたいへん

雑誌に載っているアニメのキャラクターの絵を描き写すとしよう。絵の得意な人は別として、描いている途中で線が変なところにつながってしまい、なんとも可愛くない絵にしかならなかったという経験を持つ人も多いだろう。書字に障害のある子どもは、簡単な文字の視写をするときでさえ、このような思いをしている。

事例（中一）ノートに写すだけなのだが

よく教室には、各自のめあてを書いたカードが貼ってある。中学校一年生の智君のカード。読めないことはないのだが、形が整わず、文字がまっすぐに並ばない。書字に障害があるのは、明らかだった。

その智君。板書された詩をノートに写していた。一文字書くごとに黒板を見ているものだから、延々と時間がかかる。ほかの生徒はとうに次の活動に移っていた。

担任は、彼が書き終わるまで黒板を消さずにいてくれたのだが、智君が鉛筆を置いたのは授業が終わる一〇分前だった。

書くだけでこれだけの労力を費やすこの子たちは、当然のことながら漢字を覚えるのも一苦労である。智君のカードには、けなげにも「おぼえたことは、忘れない」とあった。

●プリント学習の苦労

いつも使っているプリントが、学習障害の子どもには、たいへんなストレスを与えていることがある。

事例（小四）　マス計算は苦手

四年生の算数の授業である。一〇〇マス計算のプリントが配られた。鉛筆の音がカツカツと響く中、武君だけ少し様子が違っていた。よく見ると、プリントの周辺部から先に答を埋めている。ところが、内部に来ると急激にスピードがダウンしてくるのである。縦軸と横軸を目でたどっているうちに、答が分からなくなってしまうようだった。

これはちょっとまずいかもしれないと、担任に告げた。すぐに担任は、大きめの文字で計算式を書いたプリントを用意してくれた。計算自体はできる武君。今度はすいすいとやってのけた。

学習障害による認知的な問題がある場合、ごく一般的な教材が、彼らの「困り感」を助長してしまうのである。低学年のころの武君は、教科書の文字をたどるのにずいぶん苦労していたらしい。

●うまくできないもどかしさ

子どもにとって苦手なことが、必ずしもしたくないことだとは限らない。

事例（小四）　計算ができるようになりたい

小四の純子さんは、計算がとりわけ不得意だった。「個別指導」の場で粘り強く練習を続けたものの、やり方を覚えてはすぐに忘れてしまった。

　指導を担当した教員には、混乱を繰り返す純子さんに、無理をさせてはいけないのではないかという迷いがあった。苦手な計算ばかりをさせるのではなく、学級での算数の時間に困らないようにと、教科書の予習をさせた。それはそれで効果を上げた。

　ところが純子さんは、たび重なる失敗にもかかわらず、「それでも、教科書より計算がしたい」とつぶやいた。どうしても、みんなと同じように計算ができるようになりたかったのである。


　個別にかかわらないと、クラスの子どもたちの前では出せない思いというものがある。学習障害が疑われた純子さんの「困り感」は、数の操作が理解できないことに加えて、やりたいのだけれどもできないもどかしさにあった。これに応えない限り、純子さんはしんそこ満足できなかったのだろう。

ＡＤＨＤの子どもの「困り感」

●することを失う

　ＡＤＨＤの子どもは、することが分かれば、思わぬ力を発揮することがある。手慣れた仕事を任されたときのやる気と集中力には、しばしば驚かされる。

　逆に、彼らが落ち着けないときというのは、することを失っている、いわば「空白の時間」である。学校の一斉授業には、空白の時間がたくさんある。上手にそれを埋められないこの子たちは、退屈さに耐えきれず、しなくていいことをしては教師にしかられるのである。

●衝動的に「反応してしまう」

　見たもの、触れたもの、そしてふと頭に浮かんだことに、本人の意思とは無関係に「反応」してしまう。ＡＤＨＤの子どもは、こんな体験をしているのかもしれない。

事例（小二）　授業に参加したいのに

小二の勇也君は、まるで何かに突き動かされているかのごとく、とにかくよく動く子どもである。授業中にも、何に「反応」するのか、幾度となく立ち歩いてしまう。

勇也君を見ていると、「今から立ち上がろう」と意図して行動を起こしているようには思えない。というのも、授業中に彼のかたわらに寄り添い、立ち上がろうとする出鼻をくじくようにそっと肩を押さえてやると、勇也君は、はたと気づいて、授業に復帰するのである。本人も気づかぬ間に、席を立ってしまうらしい。

その後、約一か月間、補助の先生にお願いしてこのような手だてを続けてもらったところ、勇也君は集中して学習に取り組めるようになった。衝動的に振る舞っていたときには、本人にあまり「困り感」はなかったかもしれない。しかし、勇也君のような子どもに限って、授業中に答えが分かると、真っ先に手を挙げて発言するものである。授業で活躍している姿を見て、「前は、落ち着かなくて困っていたでしょう」と尋ねてみたくなった。そして、みんなといっしょに頑張れたことがうれしい彼の気持ちが伝わってきた。

高機能自閉症・アスペルガー症候群の子どもの「困り感」

●相手の気持ちや意図が読み取れない

自閉症の子どもは、相手の気持ちや意図が読み取れなかったり、自分がしたことが、相手にどう受け止められるのかが想像できなかったりする。そのため、しばしば友だちとのトラブルを引き起こす。

事例（小四）

人間関係の小さなトラブル

軽い自閉傾向があると言われている小四の彩さんは、女の子の友だちと三人で、なにやら話をしていた。話のさなか彩さんは、何を思ったか、突然、何も言わずにその場を立ち去ってしまった。

傷つけるようなことを言ってしまったのではないかと心配した友だち二人は、彩さんの後を追った。しかし、それに気づいた彩さんがその二人に言ったことばが、「なんでついてくるの？」であった。

「そんな言い方はないでしょ」というのが、友だちの言い分である。しかし彩さんには、相手がなぜ怒っているのかが分からなかった。

●ことばの意味に戸惑う

相手との対話的やり取りに乏しい自閉症の子どものことばは、時として特定の視覚印象と強固に結び付いている。

事例（小四）

「上」ということばの意味

自閉症の診断がある小四の智子さんは、算数の学習に少し遅れがある。個別指導の時間に、1から10までの数字カードを使って四則計算の練習をしていた。授業が終わって担当の教員が、「1が上になるようにして片づけてください」と指示した。しばらく思案した後、智子さんは、カードを縦一列に1、2、3と並べ始めてしまった（図）。

智子さんにとっての「上」は、平面上の位置でしかなかった。彼女にしてみれば、おそらく教材プリントのようなものを繰り返し練習して、どうにか習得した「上」ということばの意味だったのかもしれない。それを今度は、1が「上」になるように「片づけなさい」と言われ、ひどく困惑したのであろう。

●聞いた話の内容がつかめない

自閉症の子どもと話をすると、話した内容がう

図　1が上になるようにして片づける

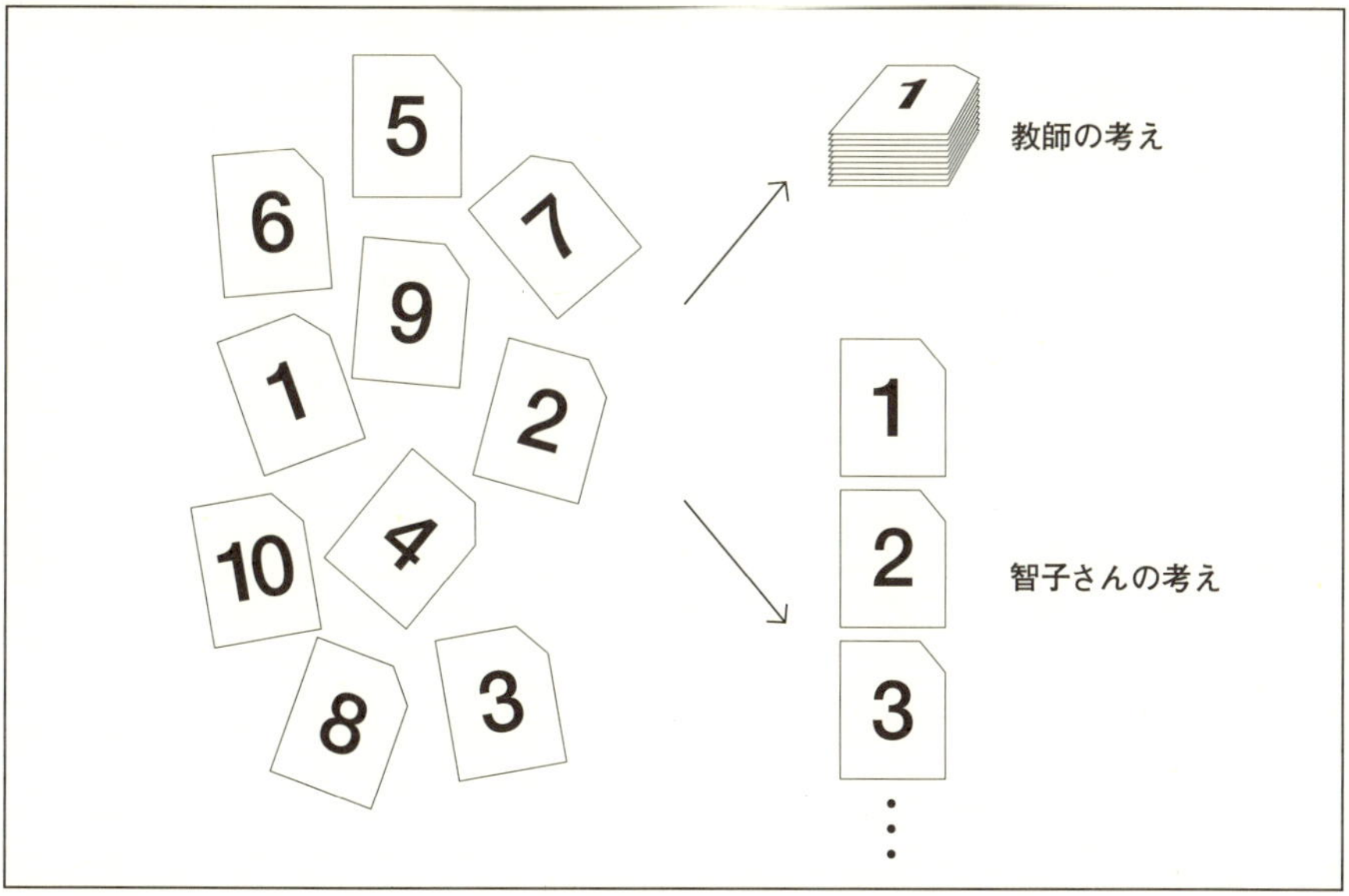

まく伝わっていないと感じることがある。そのようなとき、伝えたい内容を視覚的に示すと、驚くほど話が通じる場合がある。

事例（二〇歳）　メモを使った会話

二〇歳になった亮君は、アスペルガー症候群と診断されていた。その日、職場での無理がたたってか、ひどく不安定になっていた。どうしたことか、尋ねたことにすぐに答えられない。質問を単純にするといくらかいいのだが、それでもまだ会話がかみ合わなかった。

　しかたなく、話が「見える」ように、ポイントをメモしてみた。彼は、食い入るようにメモを読んだ。亮君の表情に安ど感が現れ、やっと会話が成立した。

　もっと早くこうすればよかったと、そのときはつくづく思った。そういえば、小さいころから亮君は、会話をするときに、衛星中継のように返答

がワンテンポ遅れていた。人と話をするのに、これまで、彼はずいぶん苦労していたのかもしれない。

●今、何をしたらいいのかが分からない

人が、どういう意図でそうしているのかが分からない、限られた意味でしかことばが理解できない、そして聞いた話の内容が十分に把握できない。こういう状況に置かれ続けているのが自閉症の子どもである。全く分かっていないわけではないのだが、分かり方がぼんやりしていると言ったらよいだろうか。

こんな体験を強いられている彼らは、さっきから身近に起こっている状況がつかめず、また、この先起こることをあらかじめ予見することができない。時間的な見通しがつかめないのである。だから、断片的な今を生きているようなところがある。

自閉症の子どもが、今、何をしたらいいのか分からず、絶えず不安と戸惑いを感じている背景にはこうしたわけがある。

Column

「困り感」を見逃さないために

子どもが困っていることに担任はうすうす気づきながら，結局，それを見過ごしてしまうことがある。

なぜ，そうなってしまうのだろうか。よくあるケースを，いくつか挙げてみた。

●担任が困っていない

担任に困り感がないために，子どもが困っていることを見過ごしてしまう。ほかに手のかかる子どもがいると，こうなりやすい。

●担任の思いこみ

「自己主張が強い子」「すぐにすねる子」といった一般的な子どもの見方から逃れられないと，その背景にある子どもの問題を見落とす可能性がある。

●おかしいと思いつつ見逃す

気になる行動がある一方で，きちんとできることも多い。そのため保護者にも言いそびれ，結局そのままにしてしまう。

●そのうち追いつくだろうという安易な推測と期待

本人なりに成長を遂げているので，そのうち追いつくと信じたいが，かえって差は広がってしまう。保育園や幼稚園の子どもによくある。

●手を貸しすぎる

担任や周りの子どもがめんどうを見すぎてしまうことで，一見，本人に困り感がないように見えてしまう。

●相談できる場が職場にない

担任が気づいても，それを相談できる場が校内や園内にないと，打つ手が見つからないまま放置される。

支援の手立て（1）

教室でできる支援の手立て

第2章

小学校2年生の国語の授業。芳文君は，教科書の視写にひどく手こずっていた。一，二文字ずつノートに書き写していくものだから，どこまで書いたのかがすぐに分からなくなってしまう。

励ますだけではいっこうに先に進まないので，→のマークをかいた付せん紙を，次に書く字の横に貼った。

そして，芳文君がノートに写すごとに矢印をずらしていった。

数人の男の子たちが「僕にも作って」と言ってきたので，作って渡した。ペースが上がってきたところで，「あとは自分でやってごらん」と，その場を離れた。

ほどなく，授業は次の活動に移った。芳文君は，まだ続けていた。担任には目配せして，そのまま見守った。しばらくして芳文君は，文字で埋まったノートを持って，担任のもとに駆け寄った。担任は少しだけ授業を止め，「頑張ったね」と，彼を抱きしめた。満面の笑顔で席に戻った彼は，「ありがとう」と言って，律儀にもくしゃくしゃになった付せん紙を返してくれた。

通常の学級でできる教育支援には、担任の手による個別的配慮と、補助員が加わっての個別支援とがある。第2章では、まずそれぞれの支援のポイントを示す。

さらに、発達障害のある子どもだけでなく、クラスのどの子どもにも分かりやすい指導法のいくつかを紹介したい。指導法のユニヴァーサルデザインとも言えるものであるが、通常の学級における支援に、ぜひとり入れていただきたい。

担任による個別的配慮

大事にされている実感

授業から外れていく子どもを気にするかしないか。できなかったことを、どこでさせているか。教師の手立てが欠けていれば、子どもはどんどん離れていく。

また、当然のことだが、授業から離脱するこの子たちを「悪い子」に仕立て上げてはならない。教師の拒否的なかかわりは、周りの子どもに伝染する。子どもたちは、教師と同じように「悪い子」としてその子を見るようになる。

一方、はみ出してしまう子に対して、理不尽な指導のしかたをすると、一部の子どもたちは担任に不信感を持つようになる。そうなると、事態はますます深刻になる。

事例（小三）　教師との信頼の糸

ＡＤＨＤが疑われる三年生の和哉君。授業に集中できないことが多いのだが、時々いい発想を披

露する。担任はそれを受けて、すかさず、「いいこと言いますね。先生も、今それを考えていたんです」と返す。和哉君はご機嫌である。

別の場面。国語の本読みが始まった。和哉君は、机に伏せたままである。周りの子どもが教科書を読み始め、つられてぼそぼそつぶやいていた。

担任は、「和哉君は、覚えてしまったかな？　でも、忘れたら教科書を見てくださいね」と声をかけ、そのまま見守った。しばらくして、和哉君は教科書を開いた。担任との信頼関係の糸が見えるようだった。

こうした授業中のやりとりをはじめ、日記への返事や習字などの作品へのコメントを通して、子どもとの関係をしっかりとつないでおきたい。

子どもに、「自分は先生から大事にされている」という実感を持たせたいのである。

教室環境の整備と過敏性への配慮

●刺激を制限する

ＡＤＨＤや自閉症の子どもは、周囲のちょっとした刺激が目に入ると、たちまち気が散ってしまう。この子たちには、授業に集中できるような環境整備が必要である。

たとえば、①座席を前にする、②教師の机の上に子どもの気になるもの置かない、③棚にはカーテンで目隠しをする、④外の様子が気になるようであれば窓にフィルムを貼る、といった手立てである。

●過敏性への対応

刺激に対して過敏な子どもへの配慮も必要である。

机やいすのガタガタする音がどうしても苦手だということならば、脚に消音のためのテニスボールを取り付ける。場合によっては、耳栓を使用してもよい。

また、日によって、特定の子どもの話し声がうるさいと訴えることもある。あまりに辛いようだったら、一時的にでも別室を用意した方がいい。

音だけではなく、意外と気づかないのが、寒さや暑さである。冬場になると体育ができなくなる子どももいる。体操服に着替えることを強要してはいけないし、ましてや無理に外に連れ出してもいいことはひとつもない。夏になってひどく暑がる子どもには、エアコンが無理ならば、休み時間に扇風機や氷でからだを冷やすだけでも、ずいぶん落ち着く。

一方、過敏性に起因すると考えられる偏食がある場合、基本的に偏食指導は避けた方がよい。どうしても食べられるものを増やす必要があるときには、保護者とよく相談しながら、挑戦したい食品と調理方法を確認し、計画的に指導を進めたい。

この子たちの過敏性を「神経質」で片づけないでほしい。ときとして彼らは、想像を超える不安感や恐怖感を抱いているのである。

「分かっているのにしない」のではなく「分からないからできない」

周りの子どもが活動を始めているのに、自分だけ何をするのか分からない。なかなか作業にとりかかれない子どもの多くは、こんなことに「困り感」を抱いている。このような子どもには、さしあたりどうすればいいのかを分かりやすく伝え、これをしたら、次にこうなるのだという見通しを持たせたい。

事例（保育園）　作業に見通しを持たせる

保育園の年長クラスでのことである。ちぎった色紙を食品のトレーにのり付けし、節分の鬼のお面を作る作業をしていた。四～五人のグループで

机を囲み、真ん中にちぎった色紙の山、それぞれの子どもには、トレーとのり付け用の下敷きが配られた。

　自閉症が疑われる健太郎君は、周りを見て一つ二つ貼ってみるのだが、すぐにふらっと席を立って、ほかの子どもにちょっかいを出しに行く。担任は、何度も連れ戻しては少しの間付き合うのだが、そうしていると、すぐにあちこちから「先生！」と声がかかる。

　そこで担任は、彼の手もとにちぎった色紙を三枚置いて、「これだけ貼ってごらん」と言った。

　できたころに再び見に来た担任は、「今度は何枚？」と尋ねた。「五枚」と答える健太郎君に、「すごいね。そんなにいっぱいするんだ」と返す。

　色紙が敷き詰められていくトレーを見て、作業の見通しが立った健太郎君は、その後も淡々と作業を進めていった。

　困っているときに、担任がちょっとした配慮をすることで、子どもは安心してクラスの活動に参加できる。

道具だての工夫

　扉のエピソードで紹介した付せん紙のようなちょっとした道具だてによって、子どもが驚くほど授業に参加しやすくなることがある。

　よく使うのが、読みが苦手な子ども用に作られた「マイ教科書」。文字を大きくして、分かち書きにしたものである。また、高機能自閉症の子どもの支援ツールとしてしばしば利用される「スケジュールボード」。勉強の準備―朝の会―算数―休憩―国語―着替え―体育―着替え――……――給食準備――……――といったように、一日のスケジュールを細かく示したものである。言うまでもないが、こういうものを教室に持ち込むときには、子どもや保護者とよく相談しておく必要がある。

　ところで、このような支援ツールが教室にあると、はじめのうちは、周りの子どもたちが好奇心をあらわにする。そんなときには、どうしたらよいだろうか。

「マイ教科書」が気になってしかたがない子どもには、同じように作るといい。だれでも、「マイ教科書」を使っていいことにするのである。「スケジュールボード」は、皆が見て利用できる場所に置くといい。

ただし、もともとそれが必要な自閉症の子どもをスケジュールの管理係にする。やりたい子どもがほかにいても、「これは○○さん（自閉症の子）が得意なことだから」と話し、別の役を任せる。クラスの子どもが、それぞれ自分の得意な係に取り組むようにしむけるのである。

こうしているうちに、どんな道具だても違和感なく教室に収まってくる。

みんなで遊ぶ楽しさを教える

●ドッジボールは何がおもしろいのか

ドッジボールのおもしろみというのは何だろうか。ボールを当てることだけではない。当たりそうになってぎりぎりでよけること、意表をつくプレーがあったり、勝負がつく間際でハラハラしたりすることだろうか。

しかし、自閉症の子どもには、ドッジボールのおもしろみが、こうは理解できていないことがある。だから、自分勝手に見える振る舞いをしてしまうのである。彼らの場合、ドッジボールのルールが分からないというより、周りの子どもが、それをどのように楽しんでいるのかが分からないといった方がよい。

これを教えるのはたいへんである。しかし、いくつか試してみる方法はある。

①ビデオに撮って、どこがおもしろかったかを話し合う。その場面の画像をプリントアウトして

もよい。

②トラブルになりそうなときや、本人が混乱しそうな場面を絵に描く。そのうえで、そういうときにどうしたらよいのかを説明する。

ドッジボールのおもしろさといった、あまりに「あたりまえ」なこと、それが分からないのが彼らのハンディである以上、やはり丁寧に教えたい。

集団の中にいただけでは、社会的なルールが身につかないのが自閉症の子どもである。彼らに「社会性」を習得させるためには、個別的な対応がどうしても必要である。

●分かりやすいルールを導入する

一方、もう少しルールを単純にしたゲームを提案し、教師が子どもたちの中に入って遊ぶ機会を作ってもよい。

ゲームのおもしろみが分かると、ルールが必然性を帯びてくる。それを守るととても楽しく遊べるのだということを、子どもには経験させたい。

事例（小三） 仲間と過ごす時間をつくる

ドッジボールのルールが、夏樹君には少し難しいようだった。担任は、ルールをいくらか変えた「王様ドッジ」をクラスの遊びとしてとり入れた。そして、週に二回ほど、子どもたちといっしょに遊ぶことにした。

何度かやってみて、どうやら夏樹君は、王様ドッジが気に入ったようだった。ルールが分かりやすく、楽しめたのだと思う。

ある日の昼休み、夏樹君は担任に、「先生、王様ドッジやらないの？」と尋ねてきた。みんなといっしょに遊びたかったけれど、うまく参加できなかった夏樹君。少しずつではあるが、仲間と過ごす時間が増えてきた。

補助者が加わった個別支援

まずはいっしょに課題に取り組む

補助に入る教員は、子どもに何をさせるのかという明確な課題をもって教室に入りたい。子どもに寄り添いつつ、タイミングを見計らって、まずはいっしょに課題に取り組むのである。

事例（小四）　寄り添いつつ、課題に誘う

小四の国語、辞書でことばの意味を調べる活動だった。ＡＤＨＤの診断を受けている悠馬君が、黒板の下にうずくまっていた。

そっと近寄って、床に投げ捨ててあったプリントを拾いながら、「これ、するの？」と尋ねた。「しない」と返事が返ってきた。そこでプリントを手にして、「悠馬君だったら、こんなのは調べなくても分かるよね」などとつぶやきながら、しばらくの間、様子を見た。少しして、「どら、辞書を持ってくるか」と立ち上がろうとすると、悠馬君は、「いい。自分で取ってくる」と言うやいなや、棚から辞書を取り出して床の上に広げた。

床に座って、しばらく付き合った。写すのがたいへんそうだったので、辞書を読み上げた。一〇分くらいして、床の上で書き続けるのがつらくなってきたのを見計らって、「机で書こうか」と誘うと、さっと席に戻った。あとは、最後まで自分で取り組んでいた。

「席に戻りなさい」と指示する前に、まずはいっしょに課題に取り組んでみたい。「この先生となら頑張れる」といった、安心感に支えられた前向きさを育てたい。

できた体験を積む

発達障害のある子どもには、しんそこ「できた」と実感できる体験が少ないように思う。連絡帳一つとっても、最後まできちんと仕上げたことのない子どもが多い。

事例（小二） 「できた」体験は忘れない

扉のエピソードに登場した芳文君は、書き終えたとたん、「できた」と深くため息をついた。ノートのできばえに、自分でもびっくりしているようだった。

このエピソードには、ちょっとした後日談がある。一か月ぶりに芳文君の教室を訪ねたときのこと。芳文君は筆者の姿を見つけるなり、「あっ、矢印の先生だ！」と叫んだ。あの日にしたことが、よほど印象に残ったのだろうか。近づいてノートをめくってみたところ、しっかりとした字がマス目を埋めていた。

授業の中で補助者は、子どもの困り感を解消し、同時に、「できた」体験を子どもに積み上げる。

担任と補助者との連携

補助者の役割は、担任が子どもの「困り感」に十分応えられないときに、タイミングよく支援の手を差し伸べることである。そのためには、担任と補助者との連携が欠かせない。

担任は、あらかじめクラスの子どもの実態を整理して補助者に伝えておくとともに、何を補助者に依頼するのかを決めておきたい。

特に、複数の教師が交替で支援に入るときには、これがきちんとなされていないと、子どもは混乱する。

　また、特定の時間に支援を依頼する場合には、補助者を有効に活用できるよう、授業の展開に工夫をすることも大切である。

　一方、補助者は、支援した子どもの様子を担任に伝えたい。記録を取ったり、話し合いの時間を設けたりするのが困難であれば、簡単なメモだけでも残しておくとよい。

ユニヴァーサルデザインを利用する

　障害のある子どものために考案された指導法が、すべての子どもの指導に役立つということがある。一方、通常の学級の授業をいくつも参観すると、障害のある子どもにとって分かりやすいと思われる授業によく出会う。

　障害のある子どもはもちろん、クラスのどの子どもにも、より理解しやすい指導法というものがある。それが、指導法のユニヴァーサルデザインである。

ことばを確実に届ける

●ことばを明瞭に

　発達障害のある子どもに限らず、子どもには、教師の意図が確実に伝わることばを使いたい。

事例（小一）ことばは短く

　一年生の二学期。幼いだけなのか、発達障害があるのか、気になる子どもが五、六人はいるクラスだった。にもかかわらず、どの子どもも驚くほど授業に集中していた。

その大きな理由は、担任のことばの使い方にあった。子どもに分かりやすく伝えるために、短く端的なことばが使われていた。漢字の空書を始めるときには、「顔の前に指を用意してください」といった具合にである。

子どもによっては、行動の細かい指示が必要なことがある。「ノートを出しましょう」と言ったのでは、机の上にただノートを置くだけという子どももいる。こんなときには、「書けるようにノートを出しましょう」と指示する。今から書くことがあるので、書く場所を開いて準備するのだということが、自分で判断できないからである。

また、してほしくないことをしてしまうときには、否定する代わりに、今は何をするときなのかをきちんと伝える必要がある。

算数ブロックで遊び始める子ども一人ひとりに注意していては、その都度授業が止まってしまう。担任は、「ブロックを七つ、おなかに近い所に置いて待ちましょう」と、ブロックを出して、どうするのかを具体的に伝えていた。

●込み入った話は絵にする

小学校になっても、そして保育園や幼稚園ではなおさら、担任の話というのは、案外子どもに伝わっていないものである。

図工の製作を始める前に、いつも取りかかりの遅い子どもにもよく分かるようにと、丁寧に説明をする。ところが、「それでは始めてください」と指示した途端、その子が、「先生、何するの？」と尋ねてくる。「今、説明をしたばかりでしょう…」。教師が、がっくりする瞬間である。

とは言え、子どもの方からすれば、本当に分からないのである。クラスの中には、実はよく分かっていない子どもが、ほかにもずいぶんいる。

話が少し込み入りそうなときは、ことばの理解を助けるために、カードに手順を書くとよい。ちょっとした写真や絵を加えると、なお理解しやすい。教師の話が「見える」ような配慮が、子どもたちにはありがたい。

見通しを持たせる

●次にすることを示す

行動の切り替えがうまくいかない子どもというのは、次に予定されている行動がイメージできないのである。これが終わったら次はこれという活動の順序を、前もってクラス全体に示しておくと、驚くほど子どもたちは動くようになる。

事例（幼稚園）

スケジュールを見て準備をする子どもたち

幼稚園年少組のクラスである。高機能自閉症の子どもが在籍していることもあって、一日の簡単なスケジュールを絵と文字で示し、壁に提示している（写真1）。

その日、園内研修が午後から予定されていて、日課を変更することになった。子どもたちには、前の日のうちに、壁面のスケジュール上で伝えてあった。担任は、いつものように朝の集まりを終えたところで、職員室に入った電話を受けに少し

写真1

だけ教室を離れた。

ところが、用件を済ませた担任が、階段を上って部屋に戻ろうとしたときだった。どうしたわけか、子どもたちが廊下に並んでいるのである。

「どうしたの？」と問う担任に、子どもたちは、「だって次に絵本のお部屋に行くんでしょ」とスケジュールを指さして答えた。予定を変えたことをうっかり忘れていた担任だった。「あなたたちはすごい」。思わず感激の声をあげた。

保育園や幼稚園では、発達障害のある子どもだけでなく、どの子どもにもスケジュールはあると便利なのかもしれない。

●授業に見通しを持たせる

小学校の授業でも、見通しは大切である。特に、発達障害のある子どもが落ち着いて授業を受けられないときには、授業の展開をあらかじめ示しておいてほしい。そうすることで、クラス全体の集中力も格段に増すことがある。

事例（小二）　授業のメニューを示す

二年生の算数の授業である。三〇人の学級に、高機能自閉症の光久君とＡＤＨＤの剛君がいた。そのほかにも話が聞けない数人の子どもがいて、教室全体が落ち着かなかった。

対応を検討し、試してみることになった手だての一つが、子どもが見通しをもって参加できる授業の工夫だった。

授業の始めに、その時間に学習する内容を書いたカードを黒板に貼っていく（図１）。そのうち何枚かは、定番メニューである。毎時間繰り返すことによって、子どもにできたという実感を持たせるための課題が、気の利いたネーミングで書いてある。

算数の時間なら、計算力アップをねらった「一分間チャレンジ」、文章題の数字の部分を入れ替える「あなあき問題」といったものである。最後は、「おたのしみ」である。

図1　授業のメニューを示す

このようにいくつかの活動をセットにした授業を展開することで、子どもに明らかな変化が現れた。担任が、「次は、あなあき問題いきます」と言うと、光久君は、「おれ、あれ得意だ」と張り切る。ざわついていたクラスは、いつしか授業に集中できるようになり、手遊びが多かった剛君も、授業に入ってこられるようになった。

分かりやすく、覚えやすく

●視覚的に示す

発達障害のある子どもには、「見て分かる」支援の方法を工夫したい。もっともこれは、障害のある子どもに限ったことではない。

事例（小三）
「掃除チェック表」を活用する

三年生四人のグループが、黙々と掃除をしていた。作業が済んで道具を片づけた彼らはさっと集

図2　掃除チェック表

7月

教室をピカピカにしよう　班	14日 月	15日 火	16日 水	17日 木	18日 金
時間内にできましたか					
おしゃべりしないでできましたか					
ゴミはおちていませんか					
きょう力してできましたか					
つくえといすはそろっていますか					
ごうけい					

できた○（1てん）　できなかった×（0てん）

まり、リーダーとおぼしき子どもが、手にしたカードに何やら書き込んでいた。見るとそれは、掃除のしかたのポイントが書かれた「掃除チェック表」だった（図2）。毎日、この表でチェックするのである。

　四人の中には、ことばで言っただけではなかなか動けなかった信夫君がいた。信夫君は、チェック項目を食い入るように見て、掃除がきちんとできていたかを確認していた。

　ちょっとした道具だてによって、子どもは何をどうするかが分かり、やる気も出る。

●手立てのいろいろ

　これ以外にも、視覚に訴える手立てはたくさんある。

①ごみを集める囲い（幼稚園）

　床に三〇㌢四方の囲いをテープで作る。こうやってごみを集める場所を決めると、ほうきを振り回して掃除にならない子どもも、張り切って掃除をするようになる。

②窓ふきのマーク（小学校）

窓ふきのスプレーとぞうきんを用意する。一枚の窓を3×3に区切る。区切った一マスの中央に小さなマークを貼り、そこに一回ずつスプレーしてふき取らせる。やり方が分かると、窓ふきに没頭する子どももいる。家庭でも使える方法である。

図3　帰りの会時計（外側が回転できる）

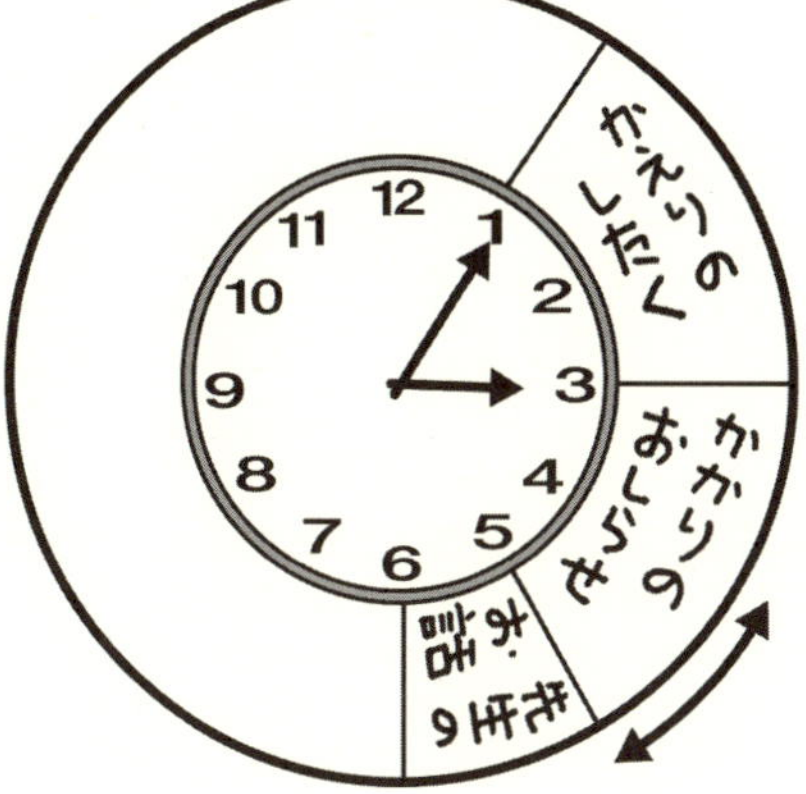

③下校前の活動を示した「帰りの会時計」（図3）（小学校低学年）

小学校では、伝統的なツールである。教師の口数を減らすためにも、利用価値は十分にある。

④給食準備の手順表（写真2）（保育園）

これも、すぐに作ることができるツールである。かわいらしい絵に食い入るように見入る園児の姿は、とても愛らしい。

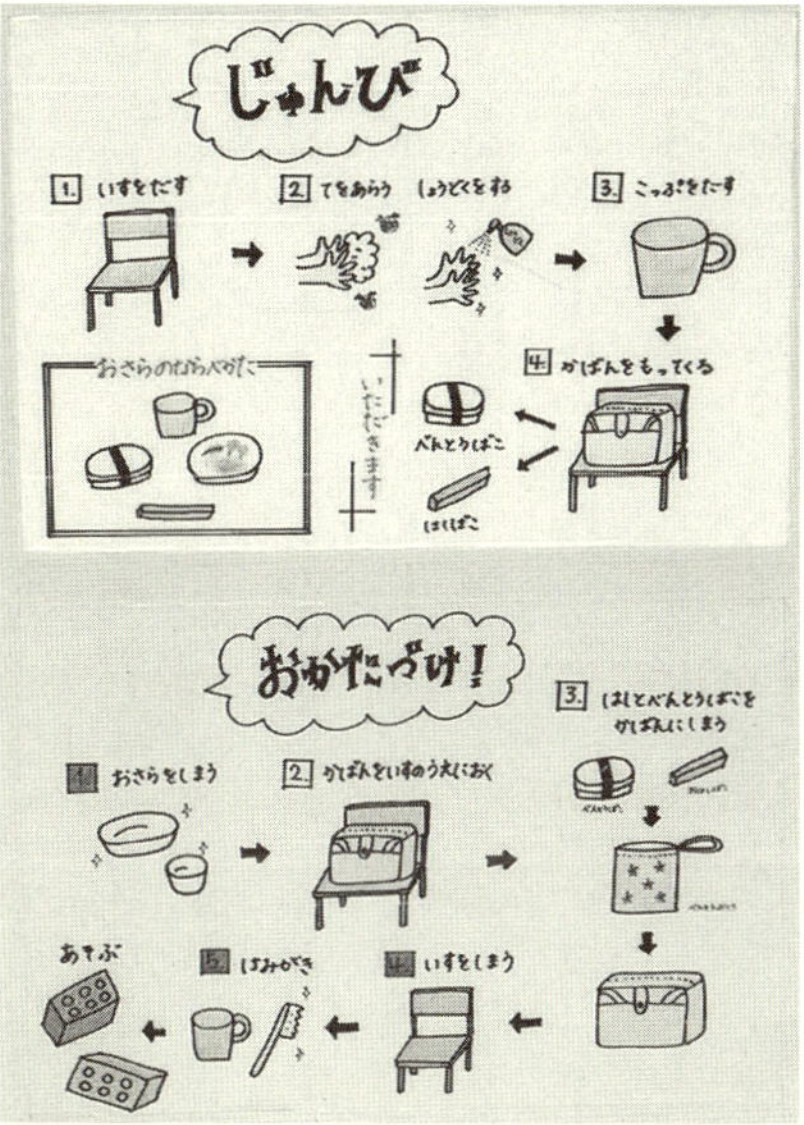

写真2

子どもが取り組める課題を提示する

国語の授業で、「思ったことを書きましょう」といった課題の出し方をすることがある。発達障害のある子どもに限らず、多くの子どもは、このような課題に困惑させられている。

国語教師としての優れた実践で知られる大村はまさんが、次のように語っている。

「考えたことをなんでも書き出しなさい、と言ったのでは、この半分どころか一つ二つぐらいしか子どもからは出ませんよ。」「作業するときは必ずそのためだけに作ったてびきをあげていましたね。教室の子どもになって、たとえば小林さんならこの場面でこのことばから思いつくな、というふうにてびきを作っていくんですよ。それがコツです。とても具体的なもので、子どもなしにはできない。子どもの心を読みながらやっているわけ。いつも本気になって体全体で子どもを読んで、その上で、子どもの心にありそうで、でも自発的にはことばになって出てこないようなものを、私がことばにしているわけです。」（大村はま／苅谷剛彦・夏子、「教えることの復権」、筑摩書房、P.105）

「てびき」というのは、子どもが文章を読んで考えるための観点を、個々の子どもの力に合わせて、教師が書いたものである。白紙のプリントを前に手が止まる子どもたちに、何を書いたらよいのかをガイドする「てびき」を用意する。

やる気のある学級集団に巻き込む

通常の学級で学ぶ発達障害のある子どもには、個別的な配慮もさることながら、クラスの仲間の中での育ちを保障することが大切である。

事例（小三）

やる気のある集団に巻き込む

三年生の教室でのこと、ふだんより一〇分ほど早く授業が終わった。「今から、リコーダータイムにします」と担任が告げると、子どもたちは皆いっせいに、リコーダーと楽譜帳のしまってあるロッカーに向かった。

　この活動には、簡単なルールがある。五つの課題曲があって、練習して一曲吹けるごとに、友だち三人に聞いてもらう。それぞれの友だちからOKが出たら、今度は先生に聞いてもらう。それで、うまくできたら合格である。

　驚いたことに、子どもたちの輪の中に義男君がいた。アスペルガー症候群が疑われる彼は、クラスの子どもとのかかわりが苦手で、教室に入りにくかった子どもである。リコーダーはあまり得意でない義男君だが、この活動には乗ってきて、既に三曲仕上げていた。

　頑張ってできたうれしさと、それを仲間に認めてもらえた満足感に、彼の表情は輝いていた。

　リコーダーが難しければ、代わりに本読みを題材にしてもいい。ＡＤＨＤや高機能自閉症の子どもの中には、朗読が人一倍上手な子どもがいる。また、字を読むのが苦手な子どもでも、集中して少し練習すればすぐにうまくなる。もちろん、文章を覚えてしまってもかまわない。本読みは、練習の成果が早く出る。本人もできた実感を持ちやすいし、周りの子からも努力の成果を分かってもらいやすい。

　さきほどの義男君の学級には、何をするにも子どもたちが自主的に取り組む雰囲気があった。やる気のある集団は、一人ひとりの子どもを動かす力を持っている。子どもたちが相互にモデルになり合い、子ども同士が育ちあうのである。発達障害のある子どもには、とるべき行動のモデルになるクラスメイトがいるといい。三年生の生活は、義男君にとってかけがいのない一年になった。

Column

構造化

自分は今，どこで何をどれだけすることが期待されているのか。また，それが終われば次に何をすることが期待されているのか。

こういったことが「あたりまえ」に分かってこそ，私たちは毎日を平穏に過ごせる。ところが，この「あたりまえ」が失われているのが自閉症の子どもである。この子たちの「困り感」を少しでも軽減し，周囲の環境により積極的に適応できるよう考案された技法が，以下に示す「構造化」のアイディアである。

物理的構造化

自閉症の子どもは，一つの場所が多目的に用いられると混乱を起こしやすい。「個別支援」の教室では，勉強の場所とリラックスする場所とを分けることが望ましい。それができないときには，勉強のときだけに使う専用のデスクマットを用意して，勉強と遊びの区別をつける方法もある。

視覚的構造化

視覚的な手がかりを使って，環境に意味を与える手立てである。トイレのスリッパをそろえるためのマーク（写真3）や，いすの重ね方を示した絵カード（写真4）などを，現場ではよく見かける。これらの手立ては，自閉症の子どもに限らず，どの子にも分かりやすいユニヴァーサルデザインである。

●スケジュール

その場の状況がどう推移していくのかという，時間的な見通しをもつことが不得手な自閉症の子どもである。彼らには，文字や絵，あるいは写真などを使って，視覚的にスケジュールを提示する。

写真3

写真4

Column

●ワークシステム

「ワークシステム」とは，学習や作業の場面で，何をどのようにどこまですればいいのかを，子どもに分かりやすく示す方法である。

ごく簡単な例は，

①机の近く（たいていは左側）に，その日に学習する教材（プリントなど）を入れておくケース（5段程度の引き出しがついている）を用意する。

②子どもは，上の引き出しから順に教材を取り出し，自ら課題に取り組む。

③課題が終わったら，机の右側に置いたかご（フィニッシュボックス）に出来上がったプリントを入れる。一つ済むごとに，手元の用紙にチェックをさせてもよい。

④次の教材を2段目の引き出しから取り出す。（②—④を繰り返す）

⑤一番下の引き出しには，「おたのしみカード」が入っている。カードには，たとえば，時間が余ったときに「個別支援」の先生と遊ぶゲームの名前が書いてある。

このようなシステムを用いて，自閉症の子どもが自立的に活動できるよう支援するのである。

なお，参考になる本としては，「TEACCHビジュアル図鑑　自閉症児のための絵で見る構造化」（佐々木正美／宮原一郎・著　学習研究社）が分かりやすい。TEACCH（Treatment and Education of Autistic and related Communication handicapped CHildren=ティーチ）とは，自閉症の人とその家族を支援するために，米国で開発されたプログラムである。「構造化」のアイディアは，TEACCHプログラムを構成する主要な技法の一つである。

支援の手立て（2）
教室内のトラブルへの対応

第3章

高機能自閉症で小 3 の恭子さん。生活全般にわたってかなり無理をしているようで，日増しにパニックの頻度が高くなっていた。

休み時間のこと，中庭に敷いてある飛び石を使った遊びをしていた。二人一組で勝敗を決めるのだが，対戦したかった相手が別の子どもとしていたので，恭子さんは待つことになった。ところが，ちょうど順番がきたところでチャイムが鳴ってしまった。子どもたちは教室に引き上げ，取り残された恭子さんの表情は，見る間に険しくなった。

すかさず，「淳君としたかったね」と声をかけた。しかし怒りは静まらず，「学校なんか嫌い」と叫ぶや，渡り廊下に座り込んでしまった。こうなると話しかけても耳には入らない。そこで，メモ帳を取り出して，「じゅんばんを，まもったのにね」と彼女の気持ちをなぞることばをつづり，興奮が収まるのを待った。

落ち着いてきたのを見計らい，今度は，「じゅんくんとは，つぎのやすみじかん」と書いた。その場を切り抜ける見通しを示すためである。まだ少し怒っていたものの，なんとかそれを受け入れた恭子さんに，「いまは，きょうしつでこくご」「こくごのつぎは，じゅんくんとあそぶ」と念を押した。

第3章のテーマは、通常の学級で起こるトラブルへの対応である。

はじめに、トラブルを解決するための一般的な手順を示す。続いて、立ち歩き・エスケープ、人間関係のトラブル、パニックの三つをとり上げ、トラブルを繰り返す子どもの支援について具体的に解説する。

トラブル解決のポイント

トラブルを解決する手順

トラブルを解決するために、まずは記録を取りたい。朝から時間を追って、どの時間帯の、どういう場面で、どのようなトラブルが起こるのかを記録するのである。

ただし、対応を急ぐときや、記録を取る人がないときには、その子にかかわったことのある教員が集まり、それまでの経過を思い起こしながら、遡及《そきゅう》的に記録を作成するのでもかまわない。

また、トラブルがどのような状況下で、何が直接の引き金となって起こるのか（先行条件）、トラブルが起こった後に、それをさらに助長させている要因がないか（結果条件）、といった二つの枠組みに沿って記録を整理すると、トラブルの構図がはっきりとしてくる（図1）。

その際、それぞれの状況下で、子どもがどのような「困り感」を抱いているのかについても検討したい。子どもの「困り感」に対して適切な手当てをすることができれば、トラブルは解決する。

図1　トラブルを記録する

＿＿年＿＿月＿＿日　　児童氏名＿＿＿＿＿＿＿＿　　記録者＿＿＿＿＿＿＿＿

時刻	起こる前の状況（先行条件）	トラブルの状況	後の対応（結果条件）
8:30	朝の会,離席がいつもより多い。注意するが落ち着かない。 発表会の練習のため,体育館に移動することになった。　→		
8:45		その途端,ロッカーの上に登る。　→ 置いてある荷物をけり落とす。　→	注意をする。 ← ほかの子どもへの影響を考え,ロッカーから降ろそうとした。
8:55―9:15		教師ともみ合いになる。 →	← ひまわり教室でクールダウンを図った。

同じようなケースでも異なる対応

一例として、周りの子どもに手が出てしまう幼稚園児への対応を考えてみよう。以下に示した三つのケースそれぞれで、対応の仕方はずいぶん違う。

●ケース1

○トラブルが起こりやすい時間・場面

登園後すぐ。砂場で遊ぶ場面。

○先行条件―トラブル

いつも使っているスコップを、別の子どもが先に使っていた。それを見るや、何も言わずにその子をたたき、スコップを取り上げた。

○結果条件

相手の子どもは、そのままあ然とするばかりで、反撃もしない。だから、黙って取り上げれば欲しいものが手に入るということを覚えてしまう。

○子どもの「困り感」

この場合、たしかにスコップを取られた子どもの方が困っているのかもしれない。しかし、たたいたその子にも「困り感」はある。

「困り感」①＝いつも使っている道具がなくて困惑した。

「困り感」②＝スコップを貸して（返して）ほしいことを、ことばでうまく伝えられなかった。取り上げる以外の手段を持ち合わせていなかった。

「困り感」③＝取られた相手があ然としていても、それにはまったく気づけなかった。これでは、だんだん遊んでもらえなくなる。

○どういう対応の可能性があるか

手立て①＝本人用の「マイ・スコップ」を用意する。

手立て②＝ことばを使って要求することを教える。「貸してね」と言って少し待てば、相手は返してくれるのだということを体験させる。ことばは、相手に届くものだということを教えたい。発語のない子どもには、要求を伝えるカードを用意する。

手立て③＝無理やり取り上げたときには、スコップは使っていた子どもに返させる。

●ケース2

○トラブルが起こりやすい時間・場面

自由遊びの時間帯。遊戯室のお気に入りのコーナーで遊んでいる場面。

○先行条件―トラブル

お気に入りのコーナーに周りの子どもが入ってくると「来るな」と叫ぶ。すぐにその場を離れないとパニックになる。

○結果条件

そこで誰かが声をかけると余計に興奮する。パニックになってしまったときは、安易な声かけが、本人の混乱を助長する。

○子どもの「困り感」

「困り感」①＝自分が使っているものに触れられるのが、とてもいやだった。

「困り感」②＝触れないようにするにはどうしたらいいか、自分では考えられない。

「困り感」③＝いったん興奮してしまうと自分でも抑えようがなくなる。そんなときに声をかけられても、相手の言っていることを冷静に受け取れないし、反論することもできない。混乱してどうにもならなくなるのである。

○どういう対応の可能性があるか

手立て①＝その子のエリアをきちんと区切る。また、周りの子どもがそこに入るときのルールを決めておく。たとえば、呼び鈴を作って、本人が「どうぞ」と答えたら入っていいことにする。

手立て②＝はじめは、教員がエリアの中に入って遊んでやる。そのエリアの中では「いやなことをされない」という体験をさせる。まずは安心させるのである。次に、教員と何人かの子どもが入って同じようにする。

手立て③＝「それには触らないで」といったように、本人の意思を伝えることばを教える。または、「いまは、さわらないでね」と書いたカードを三枚くらい用意して、触られたくないものの前に置かせる。

手立て④＝パニックになったときには、むやみに声をかけない。安全を確保して収まるのを待つ。本人が大切にしているものがあれば、壊れないようによけておくのも一つの配慮である。

●ケース3

○トラブルが起こりやすい時間・場面

みんなで集まるとき。とりわけお弁当の場面が多い。

○先行条件—トラブル

自分のふるまいに対して、周りの子どもから「○○君、いけないんだよ」と言われると急に不機嫌になる。いったん気持ちが荒れてしまうと、ひどい口調で友だちをののしったり、乱暴をしたりする。

○結果条件

むきになって言い返したり、やり返したりする子どもが何人かいる。普段は仲が良くて年中くっついている「似たもの同士」なのだが、その子たちから反撃されると、もはや抑えが効かなくなる。

○子どもの「困り感」

「困り感」①＝「いけない」と言われるのがどうしても許せない。いけないことを分かってはいるのだが、人から指摘されると混乱してしまう。

「困り感」②＝周りの子どもから「いけない」と言われないですむような振る舞い方が、自分ではなかなかできない。

「困り感」③＝荒っぽいことばを使ったり、乱暴をしたりすることが相手を傷つけ、ひいては自分も不利益になることに気づけない。

○どういう対応の可能性があるか

手立て①＝その子のことが気になって「いけない」と言ってしまう子どもとは、できるだけ離しておく。言い争いになりそうなときには、それぞれが別のことをして待つようしむける。

手立て②＝本人には、「いけない」と言われずにすむ行動を身につけさせる。たとえば、準備の時間の「空白」を埋めるための手立て（P.91―92「例2 給食の場面」参照）を考える。

手立て③＝乱暴な言い方に対しては、「今のは悪いことばです」と伝える。同時に、その場面ではどのようなことば遣いが適切なのかを教える。

手立て④＝このようなケースでは、家庭で乱暴なことばや行為を覚えている可能性がある。保護者のかかわり方にまずいところはないか、あるいは暴力的なビデオやゲームに長時間没頭していないかといったことについて、保護者からよく話を聞きたい。

立ち歩き・エスケープ

どう理解したらいいか

授業中に席を離れて立ち歩いたり、教室を出ていったりする。休み時間が終わっても戻ってこない。いくら注意しても繰り返すこの子どもたちを、どう理解したらよいのだろうか。

●空白を埋められない

彼らが立ち歩く場面というのは、だいたい決まっている。やることが済んで、することがなくなったとき、あるいはすることが分からなかったり、興味を持てなかったりしたときである。いずれも、今ここですることがなくなる、「空白の時間」が生じてしまうのである。

実際、多くの子どもたちは、教師から許容される一定の枠内で、この空白をうまく埋めている。しかし、それができないのがＡＤＨＤや高機能自閉症といった子どもである。「席に着きなさい」と言われても、そこで何をしたらいいのか。この子たちは困惑しているのだ。

●集団に帰属できない

立ち歩きやエスケープを繰り返す子どもの理解にあたって、もう一つもっておきたいのが、「集団への帰属」という視点である。

子ども同士がつながり、認め合うのが学級集団である。その中で、子どもたちは各自の居場所を確保している。ところが、頻繁に立ち歩いたり行動が乱暴な子どもは、どうしても浮いてしまう。帰属しきれない集団の中に身を置くのは、とてもつらい。

一方で、それでも、なんとかクラスの仲間とかかわりを持ちたいのがこの子たちである。そうするためには、周囲の気を引く行動をとらざるをえなくなる。これが、かえって本人の立場を悪くしてしまうのは言うまでもない。

支援の手だて

●空白を埋める

担任が当面打つべき手だては、子どもにとって空白となる時間を減らすことである。それには、今することと次にすることを、その都度示すことである。

漢字プリントが早く済んでしまったときには、「終わった人は、指書き（指で空書）して待ちましょう」と言う。計算の答えをチェックしてもらうのを待たせる場面では、「できた人にはシールをはるので、ノートを開いておきましょう」のように言う。

また、何をしていいか分からない子どもには課題の与え方を工夫する。内容を取捨選択したり、分かりやすくかみ砕いた課題に転換したりする配慮が必要である。

●ツールを使う

それでも、席を立ってしまうことはある。そうした場合、いちばんまずいのは、その子にかかわるために授業を止めることである。

これを避けるには、どうしてもほかの教員からの応援がいる。その際、教室内を立ち歩くだけであれば、補助者がつくことで一定の解決が図れる。しかし、教室を出てしまう場合、ある程度計画的な支援が必要になる。手の空いた教員が交代で対応するといった、場当たり的なやり方は成功しない。

どうしても教室にいづらくなってしまった子どもには、「いってきますカード」といったものを用意するのも一つの手である（図2）。

席を外すときは、行き先と帰る時間とを補助者と相談しながら書き込み、担任からサインをもらう。教室に帰る前には、別室でした活動を記入し、いっしょに過ごした補助の先生からもひと言書き

図2　いってきますカード

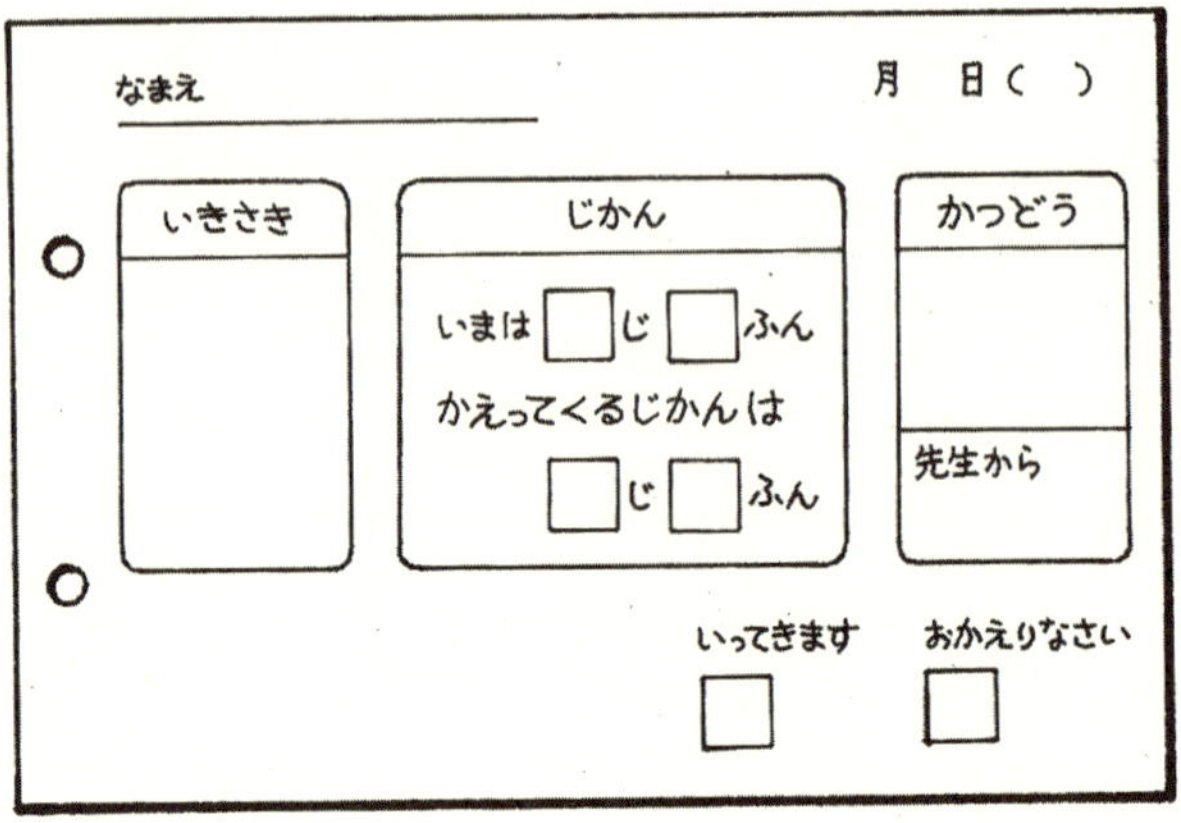

添えてもらう。カードを受け取った担任は、それにシールを貼る。このようなツールを使ったシステムは、通級指導を受ける児童などにも適用できる。

●クラス全体で取り組む

発達障害のある子どもの問題に、クラス全体で取り組むことも大切である。

事例（小二）　時間を守ることをクラスの目標にする

小二のさとし君は、ＡＤＨＤと診断されている。だれかに見ていてもらえば、何にでもひたむきに取り組む、とても素直な子どもである。

しかし、長い休み時間ともなると、教師の目が十分に行き届かない。初めのうちは周りの子どもと遊んでいるのだが、いつの間にか一人になっている。そうなると、自分で教室に戻ってくるのは難しい。

クラスの子どもに呼びに行ってもらうのも、長くは続けられない。授業に間に合わない子どもがほかにも数人いたことから、担任は、「授業に遅れないようにするにはどうしたらいいか」と子どもたちに投げかけた。

子どもたちからはいくつかのアイディアが出されたが、中でも、「時計を見ればいい」という意見には説得力があった。そこで担任は、「それなら、みんなで時計がある場所をさがしに行こう」と提案した。さとし君も乗ってきた。

校内を歩いてみると、意外と時計の数が少なかった。職員会に諮《はか》り、時計を増やした。そのことも子どもに伝え、「時間を守ろう」を学級の目標にした。

どの子も時間を気にするようになると、さとし君が授業に遅れることはなくなった。学級の目標達成に貢献したことで、彼はクラスのみんなから認められた。

さとし君のような子どもは、時間を守ることの大切さが、それほどピンときていないことがある。もちろん、それを理屈で説明してもだめである。少々回り道のようでも、クラス全体の取り組みを通して、時間を守る習慣を身につけさせるほうが効果的である。

「みんなで決めたことだからみんなで守る」という、集団の力を活用した解決策である。

人間関係のトラブル

どう理解したらいいか

●相手への気遣いが不得手

相手と譲り合ったり、話を合わせたりすることで、私たちは絶えず相手を気遣っている。これは人間関係のトラブルを避けるための暗黙のルールのようなものである。普通、親や教師が系統だてて教える性質のものではなく、子どもたちが知らず知らずのうちに学んでいく、いわば「あたりまえ」なことである。

しかし、自閉症をはじめとした発達障害のある子どもは、この「あたりまえ」なことが分からずに困っている。

周囲からは自分勝手としか見えない振る舞いを続けることによって、徐々に友だちから遠ざけられてしまう。

●相手のことばに傷つく

その一方で、友だちのちょっとしたからかいのことばに、ひどく傷ついてしまうのが自閉症の子どもである。耐えられないほど嫌なことを言われても、うまく言い返せないこの子たちは、周りが思っているよりはるかに、対人関係でのストレスを感じている。

●ルールを守ることの意味が分からない

「昨日約束したことを、もう忘れている」、教師ががっかりする瞬間である。発達障害のある子どもは、耳から聞いたことがすっと抜けてしまう場合がある。決まりが守れない理由の一つは、「忘れてしまう」ことにある。

しかし、忘れてはいないのだが、それでもルールに従えないという子どももいる。そんなとき教師は、「決まりを守らないと、ゲームはおもしろくないよ」などと諭す。

素直に受け取りさえすれば、このような話は「あたりまえ」に理解できることである。しかし発達障害のある子どもにとって、それが必ずしも「あたりまえ」ではないのである。

ゲームのルールにしても、本来ルールは、みんながゲームを楽しむためにある。ところが、自閉症の子どもは、ふつうであればこういうことがこのゲームのおもしろみなのだということが、案外分かっていない。だから、そのルールがなければならない、いわばルールの必然性が、根本的なところで理解できていないのである。

また、ルールとは、そもそも自分以外の他者がいるからこそ、必要とされるものである。しかし、相手の立場や感情を読み取ることが苦手な自閉症の子どもの場合、日常生活の中で交わされるちょっとした決まりごとでさえ、意味がよく分かっていないことがある。

支援の手だて

●社会的な行動を教える

自閉症の子どもには、周囲とのトラブルが避けられるような具体的な振る舞いを、一つひとつ丁寧に教えていくことが大切である。

事例（小一）　トラブルを未然に防ぐ

典型的な高機能自閉症である小一の悟君は、なんでも一番でないと気が済まない。彼のような子どもは、トップとしての一番を求めているかというと、必ずしもそうではない。一番でなくてもいい別のやり方さえ分かれば、あっさりとその座を明け渡すこともある。

一番前に執着する悟君に、担任は（図3）のようなツールを用意した。給食当番のときに毎日並ぶ順番が変わるというルールをつくり、それを、見て分かるように示したのである。並ぶことに関

図3　並ぶ順番を示すツール

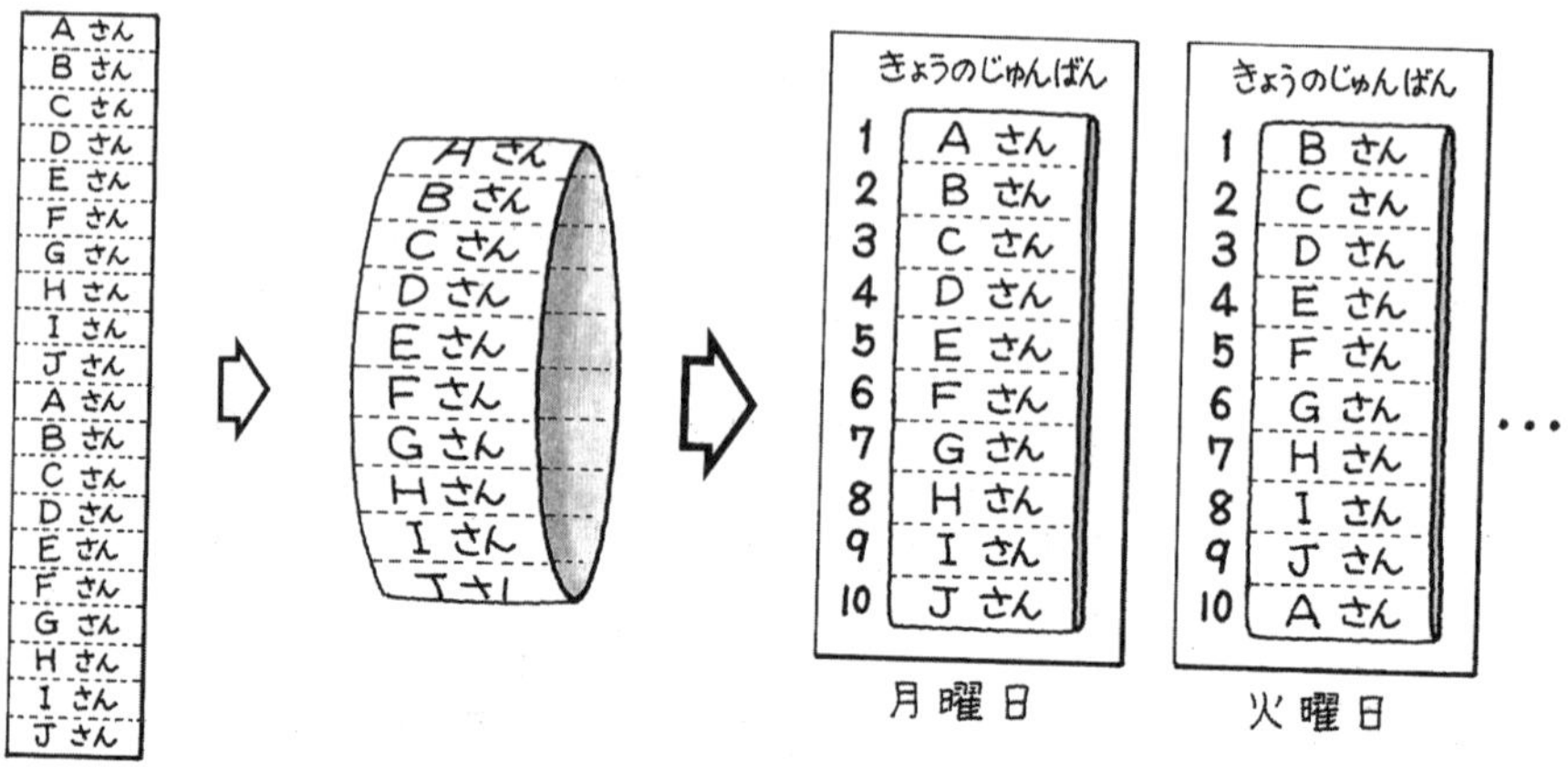

しては、これでもめなくなった。

ところが今度は、周りの子どもがそのとおりにしていないことに腹を立てて、激しく罵倒するようになった。そこで、「注意をするのは日直さんだけ」という決まりを新たに設けた。また、日直になったときには、「ちゅういをするときは――小さなこえ／ていねいなことば」と書いたカードを渡した。

このような手だてによって、この子たちは確実に社会的スキルを学んでいく。

●クラスの問題としてとり上げる

トラブルのきっかけとして代表的なのは、発達障害のある子どもが、集団生活のちょっとしたルールやマナーをわきまえることができないために、友だちとぶつかってしまうケースである。

例えば、ドッジボールでボールが当たると怒りだしてしまったり、給食の残りのゼリーをもらう人をジャンケンで決めるときに、「ジャンケンは負けるから嫌だ」と言い張ったりといったことである。

また、周りの子どものささいな行動やことばに過敏に反応して、トラブルになることも多い。たまたま近くを通った友だちに落ちていたプリントを踏まれて、「わざと踏んだ」とののしり、体育の時間に「並ばないとだめよ」と声をかけられただけで、「悪口を言った」と激高する。

こんなとき、担任はどう対応したらいいのだろうか。よくやるように、当人たちから話を聞くだけで解決しようとするのはまずい。どちらが悪いというわけではないので、結果的に、教師がけんかの「仲裁」をするような形になってしまう。これではなんにもならない。

大切なのは、こうしたトラブルを「クラスの問題」として、学活の時間などでとり上げることである。例えば、激しいケンカに発展してしまった場合、ケンカがひどくなったプロセスを子どもたちにフィードバックさせ、どうすればそこまでエスカレートしないですんだのか、具体的なアイディアを出させる。このとき、話し合いのプロセスを、パネルなどを使って視覚的に示すと効果的である（図4）。

力の強い子どもがトラブルメーカーだと、学級全体が一種の集団パニックになることもある。こうした話し合いを通して、どの子も本音を言える学級づくりを心がけたい。

●本人が納得のいく説明をする

クラスでとり上げてもなお、本人がどうしても納得がいかない場合、個別的にその子の言い分を聞く必要がある。

とは言え、一方的で、状況説明もない子どもの話は、その場に居合わせた人でないと理解できないこともある。そういうときには、互いの話が「見えやすく」するために、内容を文字や絵にするとよい。紙に書いて、事情を一つひとつ確認していくとよい。

書いたものを見て話をすることで、本人にもトラブルの経緯がつかめてくる。「棒を振り回すと、周りの人にあたる」といった、ごく単純な原因と結果のつながりでさえも、すぐには想像できなかったりするのが自閉症の子どもである。彼らには、ことのいきさつを紙の上で確認させることがとても大切である。

図4　話し合いのプロセスをパネルに示す

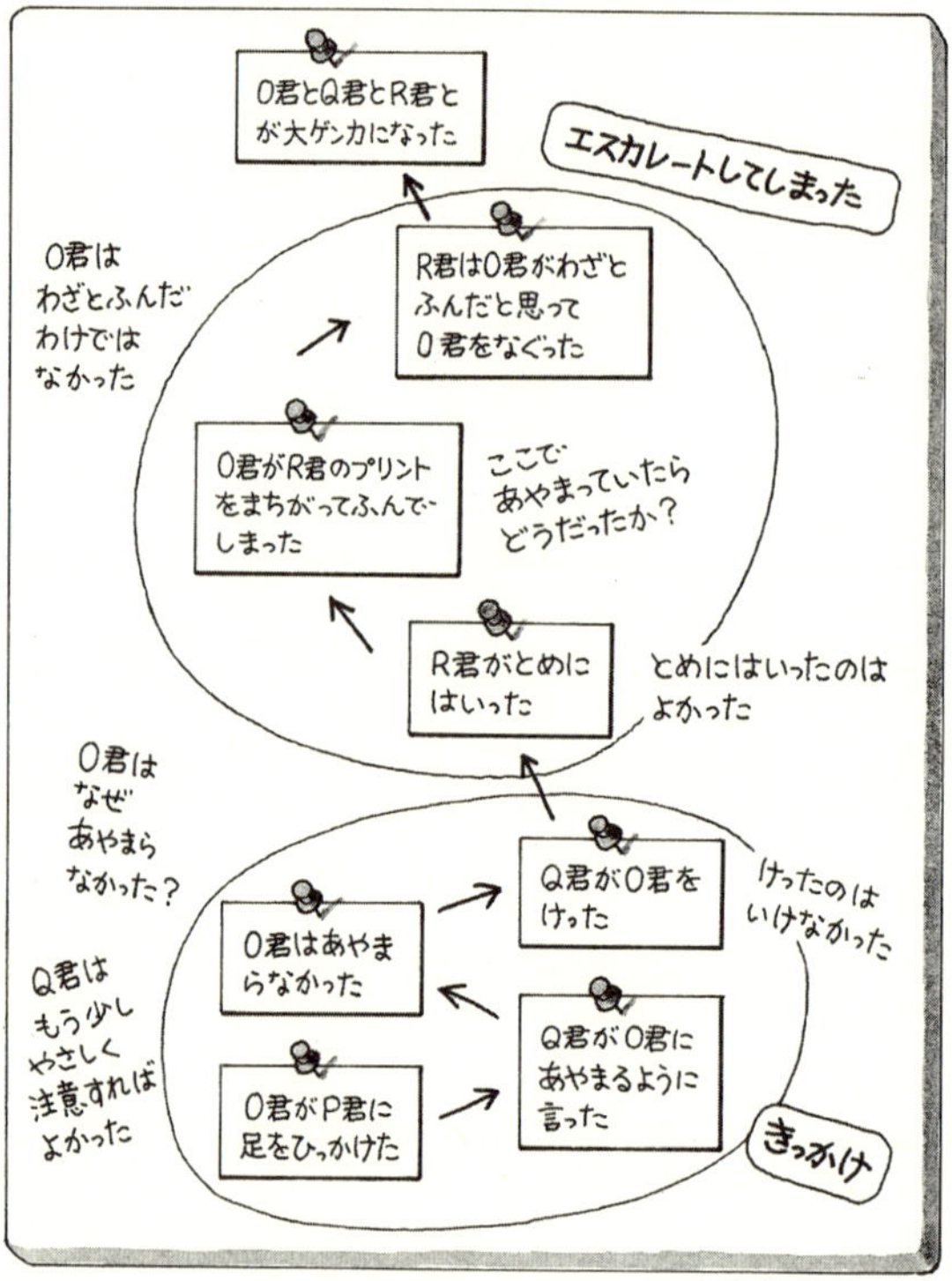
O君とQ君とR君とが大ゲンカになった
エスカレートしてしまった
O君はわざとふんだわけではなかった
R君はO君がわざとふんだと思ってO君をなぐった
O君がR君のプリントをまちがってふんでしまった
ここであやまっていたらどうだったか？
R君がとめにはいった
とめにはいったのはよかった
O君はなぜあやまらなかった？
Q君がO君をけった
けったのはいけなかった
O君はあやまらなかった
Q君はもう少しやさしく注意すればよかった
Q君がO君にあやまるように言った
O君がP君に足をひっかけた
きっかけ

また、子どもにもよるが、小学校の二～三年生になれば、「我慢ができにくい」自分に気づき始める。メモを見ながら、どの場面でどう我慢をしたらトラブルにならないですんだのかを、いっしょに考えられるようになるとよい。

パニックのときに

どう理解したらいいか

したいことができなかったり、いつもと違うスケジュールを強要されたりすることが引き金になって、自閉症やＡＤＨＤの子どもはパニックになる。

一方、この子たちがパニックを起こしやすいことの背景には、学校生活で無理を重ねている現実がある。通常の学級で頑張っている彼らは、周りの子どもについていくのが精いっぱいで余裕がない。たとえば図工の時間、担任の説明が理解できず、材料を前に途方に暮れる。周りの子どもが作業をするのをちらちら見ながら、どうにかこうにか形にする苦労に、大人は案外気づいてくれないのである。

気持ちに余裕がないときは、私たちでもつまらないことが気になったり、ささいなことにいらだったりする。そんな状況に置かれ続けていては、パニックになって当然である。

支援の手だて

●未然に防ぐ

パニックが起こってから収束するまでには、一連の経過がある（図5）。はじめに、パニックにはなっていないが、それが予期されるような「潜伏期」がある。ここでうまく対応できれば、パニックは未然に防げる。

事例（小二）　早めに手当てをする

小二の康君は、登校時に調子が悪いと、その日

図5　パニックの経過

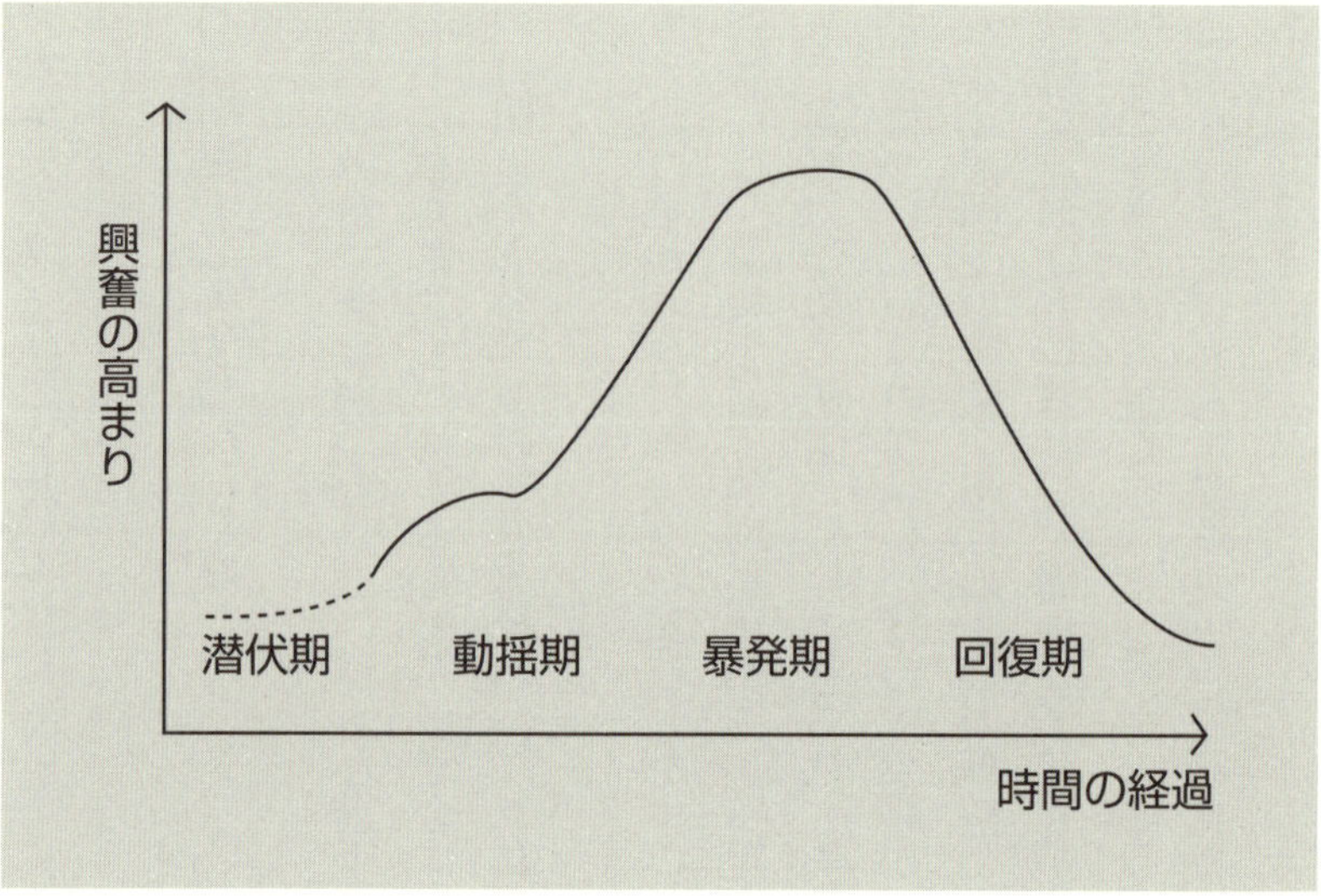

は何度もパニックになった。そこで、朝の様子がいつもと違うようであれば無理な活動は避け、本人が得意とする課題に取り組ませながら気持ちを落ち着かせた。朝のスタートを整えることは、何よりも大切である。

また、気分がいらだってきたときには、「イライラ虫が来たね」と、康君にその状態をフィードバックするとともに、イライラ虫の絵を描いて「虫退治」に付き合った。こんなことを続けるうちに、本人から「イライラしてきた」と訴えるようになった。その後、彼のパニックは大幅に軽減した。

事例（小一）　パニックに備える

新入生の百合恵さんは、衣服が少しぬれただけで大騒ぎになる。かと思うと、踏まれて汚れた上履きが気になって、授業にならない日もある。

そんな百合恵さんに養護教諭は、濡れたタオルと乾いたタオル、そしてドライヤーの三点セットを用意してくれた。そして、「せいふくがぬれたときは、かわいたタオルでふきましょう」「せいふくやくつがよごれたときは、ぬれたタオルでふいてから、ドライヤーでかわかしましょう」と書いたメモを添えておいた。

●ひどくなる前に

パニックが起きても、まだ少しの間は「動揺期」がある。ここでの対応を適切にすれば、パニックを大きくせずに収束させられる。

事例（小二）　見通しを持たせて収束させる

高機能自閉症と診断された小二の隆太君は、ささいなことでひどいパニックになる。書写の時間に、フェルトペンで漢字を書いた。上手に書けたのはよかったのだが、汗でぬれた指先で字をなぞったのがいけなかった。インクがにじんでしまい、「書写なんか、もうしない」と叫んで、ノートとペンを床に放り投げた。

ノートを拾い上げながら、「汚くなって嫌だったね」と、まずは気持ちを受け止めた。担任が近くに来て、「今日、隆太君は、朝からよく係の仕事をしたのですよ」と声をかけてくれた。「それは立派でしたね」と、隆太君の頑張りを担任との間で話題にした。

その話に耳をそばだてていた隆太君は、少し落ち着いてきた。そこで、「はさみと紙がないかな」と、隆太君の机の中をのぞいた。「そんなものない」と、まだ怒っている。はさみは隣の子どもが気を利かして貸してくれたので、紙は棚から持ってきた。隆太君は、その様子をじっと見ていた。マスの大きさに紙を切りだすと、「それ、貼るんでしょ」と隆太君。「勘がいいね」と答えると、後は一気にクールダウンした。

授業が終わり、隣の子どもに「さっきは、はさみをありがとうね」と、もう一度お礼を言った。周りの子どもへの配慮も大切である。

自閉症の子がパニックに陥ると、今からどうなってしまうのか、本人自身も、先の見通しを失ってしまう。だから、はさみで紙を切るのを見せることによって、これから、にじんだノートの修復をするのだという見通しを示したのである。

「動揺期」での支援のポイントは、子どもの気持ちに寄り添いつつ、そこを切り抜ける見通しをタイミングよく提示することである。

●ひどくなってしまったときに

パニックが頂点に達してしまう「暴発期」では、落ち着ける部屋に連れ出してクールダウンを図るのがよい。教室では、周囲のちょっとした刺激がパニックを助長する。また、それ以上、クラスにその子のマイナスイメージが広がるのは避けたい。これは人権上の配慮でもある。

別室では、安全に配慮してしばらく見守り、少し収まりかけたところ（回復期）で、そっと寄り添う。その後は、いきなり教室に戻すのではなく、興味を持てる遊びや教材を用意して、しばらく様子を見たほうがいい。

こうして、しんどいところを教師といっしょに切り抜ける経験をさせる。つらくなっても、この人が来てくれれば大丈夫だという安心感を、子どもに持たせたいのである。

第4章

支援の手立て（3）
学びを支える個別支援

小学校教師をしている鈴木先生から聞いた話である。陽子さんは，鈴木先生が十数年前に担任した教え子である。会社の事務をしている。とある用事でその会社を訪ねた鈴木先生は，久しぶりに陽子さんに会った。何かにつけて手助けの必要な陽子さんだっただけに，元気に働く姿を見て，鈴木先生はとても安心した。

３０分ほど話をし，ぼちぼち引き上げることにした。帰り際，陽子さんはちょっとすまなそうに尋ねた。「先生，四捨五入ってどうやるんでしたっけ？」と。何年ぶりかの「補習」だった。かつてしていた鈴木先生との勉強。中身は忘れてしまっても，陽子さんには，「この先生に聞けば分かる」という確信が残されていた。

人にはたいてい，小さなころから積み上げてきた「頑張ってできた」経験がある。それがあるから，少々困難なことがあっても，やればなんとかなると思えるのである。希望を持つとは，そういうことである。鈴木先生との間で培った経験は，陽子さんの貴重な財産になった。

第4章と第5章では、教室以外の場における「個別支援」をとり上げる。第4章は「学び」に、第5章では「生活」に焦点を当てて、支援の手立てを紹介する。

さて、本章では、「学びを支える個別支援」のポイントを、書くこと、読むこと、そして数を操作することに分けて解説したい。

なお、本書では、混乱を避けるために、別室での個別支援を、便宜上「個別支援」と表記し、TTなどによるそれと区別することにした。

別室での支援を始める前に

支援のねらいと子どもに持たせるめあて

●「ねらい」を明確にする

「個別支援」を始める前には、子どもが通常の学級でどんな「困り感」を抱いているのか、そしてそれを解消するために、どういう手だてがありうるのかについて、あらためて吟味しておきたい。そのうえで、そもそも「個別支援」が必要なのかどうかを再度検討し、必要だとすれば、「個別支援」で何をねらうのかを明らかにしたい。

たかだか、週に何時間かの「個別支援」である。その効果を高めるためには、はっきりとしたねらいがなくてはならない。

●子どもに持たせる「めあて」を決める

教師がねらいを設定しただけでは、子どもは、自分が何のために別室で支援を受けるのかが分からない。主体的に学習に取り組ませるためには、子どもに明確なめあてを持たせたい。

支援を行う教師は、子どもが、別室で何を頑張りたいと思っているのかを、よく聞いておく必要がある。一年生なら一年生なりの思いというものがある。それと支援のねらいとを重ね合わせ、子どもに持たせるめあてを吟味する。

また、めあてを決めることで、たとえば、九九を覚えるというめあてが一学期にどこまで達成できたかというように、取り組んだ結果を子ども自身に振り返らせることができる。

事例（小五）
算数ができるようになるために

計算が苦手な美樹さんに、担任は、週に一度、「個別支援」の教室で算数の勉強をしてみないかともちかけた。美樹さんは、同じ五年生で、昨年からそこに通っている舞さんといっしょに出かけてみることにした。

「個別支援」の担当者は、「ここは、勉強を頑張りたい人を応援する教室です。できないことは、一人でやらなくてもよいのですよ、先生が手伝いますから。先生と算数を勉強しませんか？」と尋ねた。答えを用意していなかった美樹さんは首をかしげ、そのまま黙ってしまった。

しばらくして舞さんが、「ここで勉強するのが私に必要だから、私は自分で決めて来ているの。美樹さんも、よく考えて返事したらいいよ」と言ってくれた。そのことばに、美樹さんはとても勇気づけられた。

クラスの子どもたちには担任が、「みんな、苦手なことに向き合うのは嫌だよね。でも美樹さんは、そこから逃げないで、算数ができるようになりたいから別の部屋で頑張るって、自分で決めたんだよ。すごいね」と話した。

担任の支えがあっての個別支援

●担任が後押しする

前のエピソードに登場した美樹さんの学校では、校内に「個別支援」が定着していた。それもあって、「個別支援」を受けていた同じ学年の子どもが、美樹さんをうまく誘ってくれた。教師のどんな説明よりも、子どものひと言のほうがはるかに説得力があった。もっとも、多くの学校では、こうしてごく普通に「個別支援」を行う基盤があるわけではない。そうした中で、子どもが安心して「個別支援」を受けるためには、何よりも担任の後押しが必要である。

事例（小三）　先生が見ていてくれたら

三年生の郁哉君は、書字がたいへん苦手だった。担任は、一学期の間、空いた時間を使っては彼の学習を補ってきた。しかしそれでも、国語の授業になると机に伏せてしまった。

そこで担任は、「国語の時間は、先生としていたように、ほっとルーム（「個別支援」の部屋）で勉強しますか？」と誘った。既に、担任との間で、勉強が分かる実感を積んでいた郁哉君は、さして迷うこともなく、その教室に出向いた。

別室での学習にも慣れたころ、それまで覚えられなかった漢字がいくつか書けるようになった。担当の教師にほめられた郁哉君は、誇らしげにしつつも、「高橋先生（担任）が来てくれたらもっと頑張れたのに」とひと言。担任との信頼関係があってこそのことばだった。

●クラスの子どもたちに理解を促す

さきほどの美樹さんの事例では、担任が、クラスの子どもたちに向けて、ごく自然に「個別支援」を受ける理由を説明していた。

発達障害のある子どもが安心して「個別支援」を受けられるよう、担任は絶えず周りの子どもたちに理解を促しておきたい。

事例（小三）　友だちの目が気になる

小三の航平君は算数の学習を補うために、一昨年から「個別支援」を受けている。昨年度の担任はクラスの子どもたちに、航平君が別室での勉強に頑張って取り組んでいることを、ことあるごとに話していた。

学年と担任が替わり、「個別支援」が再開された。いつものようにプリントに取りかかったところで、彼はふと、「先生、僕のこと、みんなに話してくれてるかな」とつぶやいた。「個別支援」の経験が長い航平君でも、クラスの仲間の目が気になるようだった。

保護者に対して

●個別支援への理解を求める

「個別支援」が必要であることを、保護者に正しく理解してもらえないと、支援の効果は半減する。

「うちの子は、そんな特別なことをしてもらわなければならないのですか?」「そこまで悪いのですか?」。「個別支援」の話を持ち出されて、こう思う保護者は少なくない。我が子が周りの子どもと同じようにできないのを心配してはいても、いざ「個別支援」となると、保護者はどうしても身構えてしまう。

こんなときには、子どもの「困り感」という側面から話を切り出すとよい。この子は、授業のこんな場面でこう困っている。そうした「困り感」を少しでも軽減し、本人が安心して、しかも自信を持ってクラスで活躍できるようにしたい。「個別支援」の趣旨を、こう保護者に伝えてみたらどうだろうか。

●決して無理をしないこと

誠実な説明を尽くしてもなお、「個別支援」への戸惑いや、偏見がぬぐい去れないことがある。そうした場合、子どものためだからと、「個別支援」を押しつけてはならない。

こういう話は、何度も面談を繰り返して、ようやく分かってもらえるものである。「この先生なら、親のしんどさも分かってくれるし、本音も言える」、保護者からこう思われる教師であるよう、心がけたい。

学びを支える個別支援——書くことの指導

文字の書き方をことばでガイドする

視写をするときに字の形が整わない子どもの多くは、文字の特徴をうまくとらえられないようである。この子たちには、字の書き方をことばでガイドしながら練習させたい（図1）。

①文字の特徴を、子どもと話し合って言語化する（「会」なら、「屋根書いて、ニ・ム」）。

②「屋根書いて、ニ・ム」と、絵描き歌のように、言いながら、教師がゆっくりと書いてみせる。

③同じように、子どもに書かせる。このとき、教師が、子どもの鉛筆の運びを「実況」する。への部分を書くのに合わせて「屋根書いて」、ニを書き始めるのと同時に「そう、次はニを書いて」と、運筆一つひとつにことばを添える。

④子どもが先走って書き進めたときには、「待って、先生といっしょに」と声をかけ、「ことばに合わせて書く」課題に集中させる。

⑤筆順を間違えたり、字の形が崩れたりしたときは、「先生がサービスで消してあげます」と言い、書き直す場所だけを消す。子どもには、消しゴムを持たせないほうがいい。

ことばで漢字を覚える

漢字の書き取り指導をする場合も、文字の構成要素を言語化する手だてが使える（図2）。

①子どもの力に合わせ、漢字をいくつか選ぶ。
②それぞれの漢字ごとに、漢字を書いたカード（例＝「負」）と、書き方を示したカード（例＝「貝の上にクがついたら負け」）を用意する。
③漢字を書いたカードをカルタのように並べる。教師は、書き方を示したカードの前半（例＝「貝の上にクがついたら」）を読み上げる。
④子どもは目を閉じて聞き、続き（例＝「負け」）を言う。
⑤正しく言えたら、「負」の文字カードを取る。
⑥これを繰り返し、取れた数を記録する。

このように、意味や連想を利用すると、子どもは覚えやすい。このほかにも、例えば「開」は「神社の門が開く」、「学」の字なら「学校は、子どもが勉強する場所。雨（ッ）が降るとぬれてしまうので、屋根（冖）がある」と説明しておく。

こじつけのごろ合わせではあるが、「耳から」漢字を覚えた後に書き取り練習をさせると、より効果的である。

図1　書き方をことばでガイドする

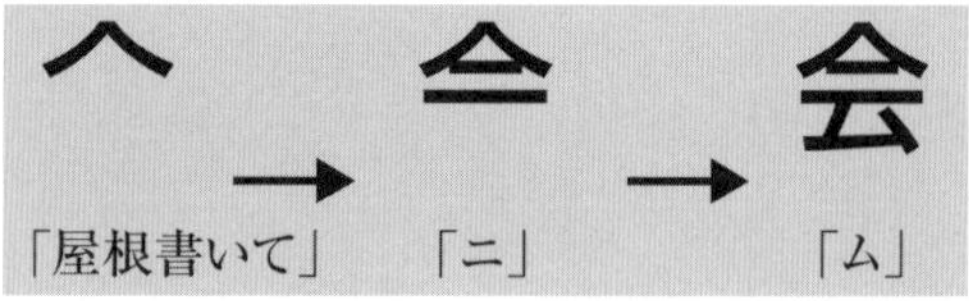

図2　ことばで漢字を覚える

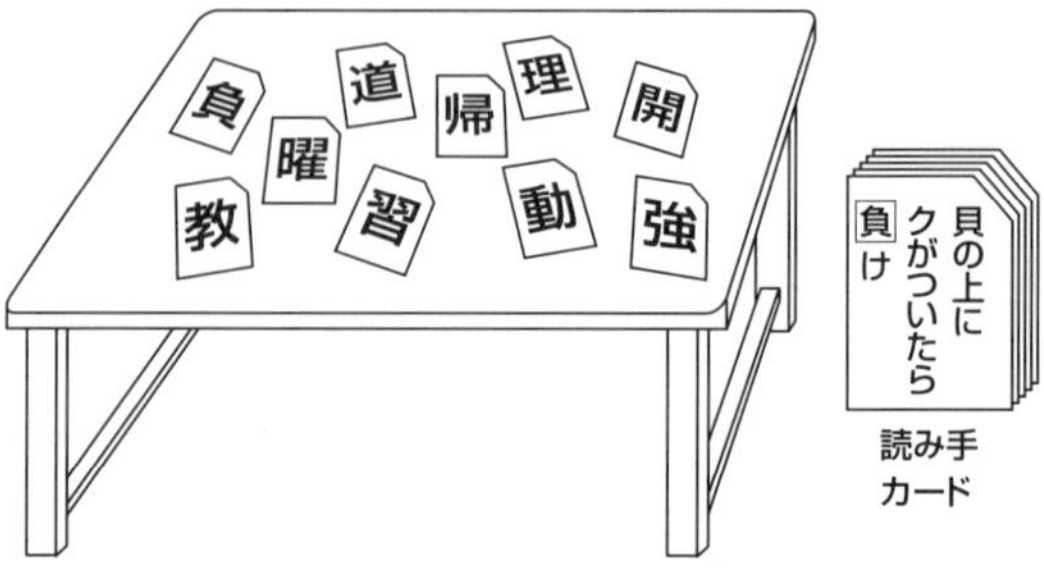

事例（小六）

「バイパス」を利用した指導

小学校六年生になった高志君とは、一年生からの付き合いである。ともかく字を書くのが苦手である。中学校まであと一年、もう少し漢字を書けるようにしておこうと練習を始めた。

まずは、教科書の巻末から取り出した漢字のごろ合わせをした。ユニークな発想がたくさん出てきた。「算」ならば「竹に目・あし」。高志君には廾の部分が「あし」に見えたらしい。

次に漢字を書いたカードとごろ合わせのことばを書いたカードでカルタを作った。週一回、カルタをすること半年、新たに約一〇〇字の読み書きができるようになった。

おもしろかったのが、卒業前に空間認知のテストをしたときのことである。すらすらとやってのけた後に、高志君は言った。「前は、ぼく、これできなかったんだよな」と。

プリントやワークブックを使った訓練などは、一度もしたことがなかった。漢字を言語化して覚えるといった、いわば「バイパス」を利用した学習法によって、結果的に空間的な認知能力もアップしていたのだった。

学びを支える個別支援――読むことの指導

負荷を軽くする

読みが苦手な子どもには、教材の工夫が必須である。よくするのが、教科書を読みやすく分かち書きにした、「マイ教科書」を作ることである。また、文中のことばのいくつかを絵にすることで、読む負荷を軽減させるのもよい。

教師のあとについて読む

教師のあとについて読みの練習をする風景を、小学校の教室ではよく見かける。月並みな指導法ではあるが、これを念入りにしていくと、思いのほか効果が上がる。分節区切りの練習から始めて、一度に読む単位を少しずつ長くしていくとよい。

漢字になじませる

学年が進むにつれ、漢字を読めないことが、読みへの苦手意識をますます強める。

漢字の読みを補うには、前述したような、漢字を音声化する手だてが有効である。一方、漢字の成り立ちを解説した事典を利用して、一つひとつの漢字の意味を子どもに印象づける方法もある。

また、おもしろい読み物を読んでいるときに目に入った漢字は、おのずと定着するようである。漢字を読む力をつけるいちばんの近道は、子どもがしんそこ興味を持てる教材を見つけることである。

学びを支える個別支援—数を操作することの指導

手持ちの知識を利用する

就学を迎えるころまでに、多くの子どもは、既にある程度の数概念を身につけている。しかし発達障害のある子どもは、学校に上がってもなお、数が表す意味をとらえられないことがある。

たとえば、数唱はできても集合数の概念がつかめず、数の合成・分解でつまずく子がいる。このような子どもは、上の学年になって四則計算ができるようになっても、20、40、60……に続く数が分からなかったりする。数が系列を成していることを理解できないのである。

事例（小五）　数の大小を漢字の画数で教える

五年生の和枝さんも、そんな子どもの一人だった。和枝さんには、彼女が得意な漢字を使って数の学習をした（図3）。書くのがたいへんな漢字は「画数が大きい」という感覚を通して、数の大小を教えようとしたのである。これをきっかけに和枝さんは、数に大きい小さいがあるという実感がもてるようになった。

数概念の習得が困難な子どもには、「そう言ってくれれば分かる」と子どもが思えるような、その子の手持ちの知識をうまく活用した指導法を考案したい。

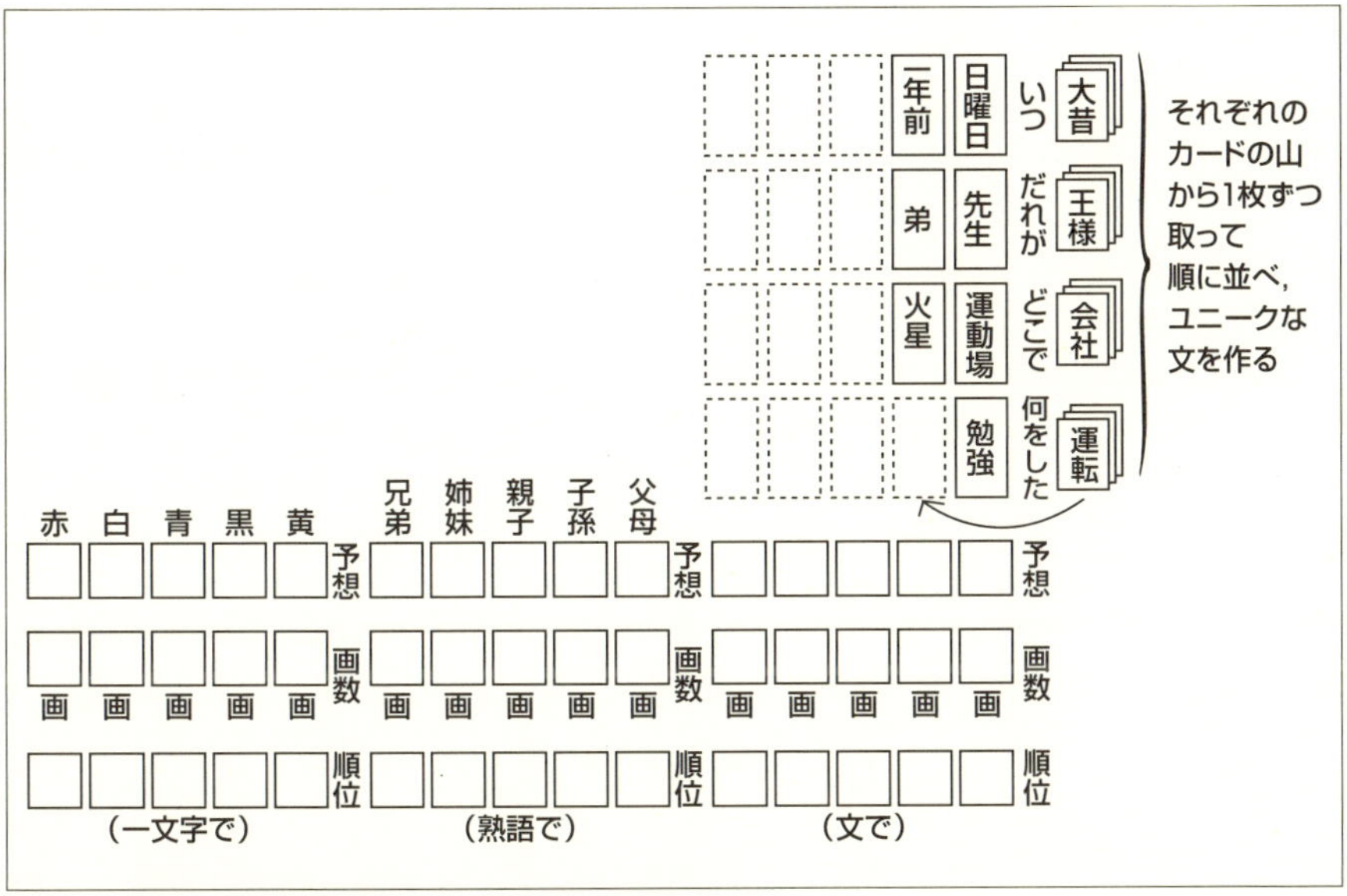

図3　漢字の画数で数の大きさを実感する

問題を解く手順を示す

文章題を解くときには、一度にたくさんのことを処理しなくてはならない。文章を読んで、読んだ内容を覚えておきながら、解答に必要なことばや数字を取り出し、計算をして、答えを書く。発達障害のある子どもにとって、これだけのことを手際よくこなすのは、容易なことではない。

そこで、よく使うのが、問題を解く手順をカードに書く方法である。また、計算のしかたや単位の扱い方などを整理したメモも、あると便利である。手順カードには、こうしたメモをどこで使うのかまで示しておくとよい。

二つ以上のことを同時に処理するのが苦手なこの子たちには、一つずつ手順を踏んでいけば問題が解けるように、教材や指導法を工夫したい。

子どもにかかる負荷を軽くする

文章題に限らず、算数の問題に取り組ませるときには、子どもにかかる負荷を少しでも軽くしたい。例えば、九九のプリントをさせる場合、子どもが答えを言い、教師が答えを書くというやり方もある。書き損じた数字を直している間に、さっき言った答えを忘れてしまう子どもには、九九を唱えることに専念させたほうがよい。

Column

漢字を組み立てる十の画

文字の形が整わなかったり，漢字がなかなか習得できない子どもには，宮下久夫さんが提唱する「漢字を組み立てる十の画」を活用した指導法が使える（宮下久夫ほか著，「漢字が楽しくなる本・500字で漢字のぜんぶがわかる１－６」，太郎次郎社）。

宮下さんによれば，すべての漢字は，次にあげる十の画から構成されているのだという。

①よこ線	一	二	言
②たて線	十	木	中
③ななめ線	人	力	先
④角かぎ	口	日	山
⑤ななめかぎ	力	子	弓
⑥てん	犬	下	雨
⑦てかぎ	手	子	氏
⑧つりばり	毛	兄	心
⑨くのじ	女	母	糸
⑩あひる	九	気	風

学習障害のある子どもに，「十の画」を意識して漢字を書かせると，見違えるほどきれいな字が書ける。また，本文でも紹介したように，漢字を書くために作った「絵描き歌」の歌詞の一部にこれらをとり入れると，書き取りの成績が向上する。

支援の手立て（4）

生活を支える個別支援

第5章

アスペルガー症候群と診断された伸也君は，５年生の２学期ころから教室に入れなくなった。相手をしてくれそうな教師を渡り歩く伸也君に，教師たちは振り回されがちだった。

６年生からは教師が一人つき，彼の生活をまるごと支える支援を開始した。一度崩れてしまった生活習慣は，スケジュールを作成したくらいでは立て直しが困難だった。また，個別的にかかわりすぎると，彼を教室から遠ざけてしまう心配もあった。つかず離れず，できそうな手立てはすべて試みた。

一方，学級担任も，伸也君のできることを一つでも増やしたいと，粘り強くかかわった。夏休みになり，担任はつきっきりで水泳を教えた。

目標の５０ｍが泳げるようになった伸也君には，泳げた達成感と同時に，担任の期待に応えた喜びがあった。

学校ぐるみでの支援は，なおも続けられた。２学期末を迎えたころ，伸也君はクラスの仲間にすっかり溶け込んでいた。

保健室登校を続ける子どもと授業を抜け出す子ども。いずれも「教室を居場所にできない子ども」である。こうした子どもに発達障害が認められることが、意外と多い。教室を居場所にできなくなった場合の「個別支援」は、もはや「困り感」に対応した支援にとどまらず、子どもの生活をまるごと支える「生活支援」にならざるをえなくなる。そこには、生徒指導の視点も求められる。

生活を支える個別支援が必要な子どもたち

一見適応しているように見える子ども

●通常の学級で無理を重ねている子ども

通常の学級で無理を重ね、心身共に憔悴《しょうすい》しきっている子どもに出会うことがある。この子たちは、発達障害に対する理解が得られないために、しばしば追い込まれている。また、いくらか理解があったとしても、丸一日教室で過ごすこと自体が重荷になっている。このようなとき、子どもの「しんどさ」を引き受けることが、まずは「個別支援」に求められる。

事例（小三）安心して過ごせる学校生活を保障する

小三になる啓介君は、入学前に高機能自閉症と診断されていた。一年生の時は通常の学級に在籍し、担任や補助の教員から手厚い支援を受けてきた。そのかいもあって、学級の活動にも少しずつ参加できるようになった。

しかし、二学期になって文字を書く機会が増えると、啓介君にはそれが負担になった。周りの子と同じようにできないことにいらだつ啓介君は、ささいなことでパニックになった。無理をしていることは、だれの目にも明らかだった。そこで、三学期が始まるのを前に保護者とも相談し、「個別支援」の時間を設けた。

二年生からは、個別の学級に籍を移した。はじめは、朝の会だけでも通常の学級との交流ができないものか検討した。しかし、それは本人が望まなかった。啓介君は、毎朝学校に来るや、魚釣りがしたかった。

担任は、啓介君が安心して学校生活を送るにはどうしたらいいか思案した。そして、一年間無理を続けてきた啓介君の気持ちが、穏やかに満たされる活動をとり入れたいと考え、魚釣りに付き合うことにした。担任は啓介君の要求に誠実に応える人であることを、伝えたかった。

このことが、啓介君を劇的に変えた。日ごろから気になっていた、人を試す行動は影を潜め、彼の表情には安ど感が現れた。

その後も担任は、本人が求める限り、魚釣りに同行した。ゆったりと、しかし確実に自信を取り戻していった啓介君は、三年生に進級した。交流学級での理科の時間、四〇人近いクラスの授業に参加した。観察ノートに花の種子をスケッチし、観察記録を書く活動だった。子どもたちがひしめき合う中、以前なら机がちょっと当たっては怒りだし、周りがうるさいと言っては大声を張り上げる啓介君だったが、その日は、夢中になって課題に取り組んだ。

授業が終わって廊下に出てきたところで、「頑張っていたね」と声をかけた。啓介君は「見せる」と言って、先ほど書いていたノートを開いて見せた。繊細なタッチの絵と、整った文字。一年の教室で、字が書けずにプリントを投げ捨てていたときのことを思うと、とても信じられなかった。

「せめて低学年では通常の学級でやらせてみて、どうしても厳しいようだったら個別の指導を」と考える人も多い。しかし、それは想像以上に子どもに無理をさせている。むしろ、低学年の時期こそ、その子に合った「個別支援」を用意したい。啓介君のように、三年生になって通常の学級での学びを再開しても、全く遅くはないのである。

●生活支援が必要でありながら放置されている子ども

自閉症の中には、従順で手がかからないタイプの子どもがいる。周りの子どもに促されれば、たいていのことは自分でできる。また、できないところはだれかが手を貸してくれる。教師は困らないし、一見うまくやっているように見える。

しかし、こういうケースこそ、「個別支援」が必要である。というのも、このような子どもは、よく見ると、教室にいるだけなのである。学級の中ではなんとか過ごせるものの、周囲の支えがなくなれば途方に暮れる。その子が学校生活に適応できるようになったというより、教師や周りの子どもたちが、彼とのかかわりに慣れただけである。

実際、このタイプの子どもには、その場の状況に応じた振る舞い方を自ら判断したり、必要なときに自分の意思を相手に伝えたりといった、いわば社会的な行動がほとんど身についていなかったりする。集団生活をさせていただけでは、なかなか社会性を獲得できない自閉症の子どもには、それを「個別的に」教える機会が必要である。

不登校または保健室登校を続ける子ども

●かかわりの難しい子ども

保健室で過ごす子どもの中には、読み書きや数処理を極端に不得手とする、いわゆる学習障害が疑われる子どもがいる。

一方、子どもによっては、ある程度かかわりを続けていくと、対人関係のまずさが気になることがある。そのような子どもは、興味が偏りがちだったり、ファンタジーにふけったりする。高機能自閉症やアスペルガー症候群が疑われるケースも意外と多い。

この子たちは、保健室で好きなことだけをしているので、生活はそれなりに安定している。しかし、少し無理をかけると翌日から欠席するので、とかく教師は子どもに付き合うだけになる。こんなことをしていては、いつまでたっても教室に戻れないのではないかと、見通しのもてない支援に教師は不安になる。

●発達障害を見落とさないように

こうした子どもたちの場合、発達障害の問題が、不登校の問題に隠れて見落とされがちである。それだけに、気をつけないと、周囲の無理解が彼らを追い込んでしまう。

発達障害が疑われるときには、あまり自主性を重んじると、かえって子どもは混乱する。キーパーソンとなる教師が、子どもの気持ちを受け止めつつも、学校生活の道筋はきちんとつけたい。そして、適当な時期を見計らって、教室に戻れるよう背中を押すとよい。

事例（小四）

「学校は来るものです」という枠組みを与える

桃子さんは、四年の二学期ころから、不登校と保健室登校とを繰り返すようになった。専門家には、アスペルガー症候群ではないかと言われていた。次に挙げるのは、支援にかかわった教師がつけた記録の一部である。

①本人が好きそうな活動をいくつか用意して選択させると、いつまでたっても決められない。

②教師が決めると「めんどくさい」と言ってやりたがらない。特に、「あなたのために、これを用意しました」というのが苦手。物珍しいものだと興味を示すことがあっても、次からは見向きもしなかったりする。

③学校全体の行事には参加する。ふだんは教室に行けないのだが、行事のときは、人前に出てもまったく物怖じしない。

④自分なりに納得がいくことなら、少々強く言われても大丈夫なことがある。計算問題ができな

くて投げ出しそうなときに、「練習をしなくては、できるようになりません」と諭すと、再びやりだす。

このような桃子さんには、教室への復帰を目指してあの手この手の支援を試みた。キーパーソンとなった教師は、何かにつけて立ち止まりそうになる桃子さん親子の背中を押し続けた。「学校は来るものです」という枠組みを本人と保護者に与えたかったのである。最終的には、意外にも、卒業式の練習に在校生として参加することがきっかけとなって教室に戻った。「式」という、型の決まった活動が、彼女には受け入れやすかったのだろうか。

教室をエスケープする子ども

●人間関係を求める子ども

毎日登校はするが、授業に入れない。かといって、別室での「個別支援」は嫌う。扉のエピソードの伸也君がそうだったように、小学校の中学年以降、教室を居場所にできなくなる子どもが出てくる。

事例（小四）　学級復帰に向けて

アスペルガー症候群が疑われながら、正式には診断を受けていない康太郎君。三年の中頃から教室に入れなくなった。

「個別支援」をしても、課題に乗ってこないことが多く、教師は打つ手がなくなりつつあった。

そんな康太郎君も、休み時間になると、気の合うクラスの子どもと楽しそうに遊んだ。彼にしてみれば、休み時間だけが、唯一「楽しい」ひとときだった。授業が始まると、友だちは教室に引き上げてしまう。次の休み時間が待ち遠しくて仕方なかった。一対一の「個別支援」に限界を感じた教師は、別の教室で「個別支援」を受けている子どもとのグループ学習を試みた。学年が下の涼子さんとの相性がいちばんよかった。

友だちとの関係を求めながら、クラスではそれが満たされないこの子たちである。学級復帰に向けた辛抱強い支援が求められる。

●集団生活のルールを学べなかった子ども

一方、小学校一年生のクラスでも、教室を飛び出してしまう子どもが、最近はひじょうに多い。彼らは、入学後しばらくの間、ことによっては一年以上経過してもなお、学校生活に適応できないことがある。

事例（小一）　集団生活のルールを教える

小一の憲二君は、高機能自閉症と診断されている。幼稚園のころは、一人でどこにでも行ってしまうので、常時補助員が付き添っていた。二年間の園生活で補助員の先生との関係も深まって、行事の時などを除けばパニックを起こすこともなくなった。「手がかからなくなった」彼の姿を見て、幼稚園の先生たちは、憲二君の成長を喜び合った。

ところが、入学すると状況は一変した。席には着かない、授業が始まっても自由画帳に絵を描いている、そして掃除時間はどこかに行ってしまう。困り果てた担任は、「みんなで集まるとか、時間がきたら次の活動に移るとかいったことが、まったく分かっていないようなんです」と訴えた。

幼稚園のころは、補助員の先生がいて、したいことにずっと付き合ってもらえた。しかし、今から思えば、集団生活での振る舞い方をほとんど教えられてこなかった憲二君は、学校に上がってひどく混乱したのだった。

もちろん、幼稚園の先生たちに悪意はなかったのだが、結果的には学校生活に必要な力を子どもにつけられなかった。小学校でも同じことを繰り返さないよう、低学年のうちに、子どもの生活はきっちりと作っておきたい。

生活を支える個別支援―必要な力を身につけさせる

集団生活で期待される行動を身につけさせるための「個別支援」には、①学校生活のあらゆる場面における生活を評価し、身につけさせたい行動を決定する、②それぞれの行動を身につけさせるための課題分析をすると同時に、支援の手立てを検討する、という二つのステップがある。

身につけさせたい行動を決定する

はじめに着手すべき作業は、「子どもに何を身につけさせるのか」を明らかにすることである。

「これができないし、あれも問題だから、どのようにしたらいいか」という質問をよく受ける。そう尋ねる教師に、「では、先生はこの子に何を身につけさせたいのですか」と問うと、「そう言われると困るのですが…」と口ごもってしまうことがある。受け持った子どもに身につけさせなくてはならないことは何か。それを知るために、まずは、一日の学校生活を、時間を追ってチェックしたい。

〈表1〉のようなリストを用いて、子どもの行動を細かくチェックしてみると、支援のポイントがある程度絞り込める。いくつか例を挙げてみよう。

例1＝教室に入れずに、一人で廊下にうずくまっている姿をしばしば見かける子ども

学校生活のチェック＝教室に入れなくなるのが、たいていは「長い休み時間」の直後だった。原因の大半が、「ドッジボールをしていて友だちとトラブルを起こし、それを引きずって教室に戻れなくなる。特に、チャイムが鳴る間際にボールを当てられるとひどく荒れる」ということだった。

身につけさせたい行動＝このような場合、休み時間の過ごし方、ゲームへの参加の仕方という観点に絞って、身につけさせるべき行動を具体化する。

例2＝授業中にしばしば立ち歩き、課題を与えても、ついていないとできない子ども

学校生活のチェック＝こうした子どもの行動を朝からチェックしていくと、できないことがあまりに多いことに気づく。たとえば、登校してもランドセルを置きっ放しにして遊びに行ってしまう、朝の会の時間になっても好きな本を読み続けている、こんな具合である。

身につけさせたい行動＝朝のスタートから生活が崩れている子どもの場合、問題行動だけをとり上げてどうにかしようとしてもうまくいかない。このような子どもへの支援のポイントは、きちんとした「生活の形」をつくることである。まずは、朝の活動を一人でできるようにさせることから始めたい。

課題分析と手立ての検討

身につけさせたい行動が決まったら、今度は、子どもに設定する具体的な課題を検討する。場面ごとの活動の流れをたどりながら、子どもが主体的に取り組める課題を見つけていく。この作業が、課題分析である。

課題分析では、子どもが抱く「困り感」に配慮しながら、子どもが確実に取り組むことのできる課題を設定したい。いわば、「成功するためのスモールステップ」を組み立てるのである。また、それと並行して、子どもの課題解決を支援する具体的な手立てを吟味する。なお、課題分析を行い、支援の手立てを考案した例を、〈表2〉に示した。

表1　学校生活のチェックリスト（小学校用）

1.　登校時

□登校前の準備は整っているか（体調確認、朝食、忘れ物、身だしなみなど）

□決まった時間に家を出ているか（不規則な起床時間、行き渋りなど）

□決められたコースを通って，まっすぐ学校に向かうか

□歩きながら危険なことはしていないか（道の真ん中を歩く，危険な箇所に立ち入るなど）

□子ども同士のトラブルはないか（登校班などで）

□門から教室にまっすぐ向かうか

2.　朝の準備

□カバンを置いて，中身を引き出しに入れて，提出物を出すといった一連の行動ができているか

□朝自習，朝の会までの時間は穏やかに過ごせているか，友だちとのトラブルはないか

3.　朝自習、朝の会

□時間になったら教室に戻っているか

□朝自習には取り組めているか（理解度，態度）

□朝の会には参加できているか（健康チェック，朝の歌，先生の話を聞くなど）

□係の活動や日直の仕事はできているか（仕事の内容は理解しているか，友だちと協調してできているか）

4.　授業（教科ごとにチェック）

□時間になったら教室に戻れるか，または所定の場所に移動できるか

□着席し，必要なものを準備して待てるか

□授業には取り組めているか（理解度・技能・態度）

□教科や学習内容によって取り組み方に著しい差がないか

□班活動やグループ活動には参加できているか

5.　短い休み時間

□穏やかに過ごせているか（一人でぽつんとしていることはないか，することはあるかなど）

□友だちとのトラブルはないか

6. 長い休み時間－業間，昼休み

□穏やかに過ごせているか（一人でぽつんとしていることはないか，することはあるかなど）

□子ども同士での遊びには参加できているか（仲間に入れているか，楽しめているかなど）

□友だちとのトラブルはないか

7. 給食

□当番の活動はできているか（配膳のやり方は理解しているか，友だちと協調してできているかなど）

□当番でないときの過ごし方は適切か

□食事のマナーは身についているか

8. 掃除

□時間になったら取りかかれるか

□当番の活動はできているか（掃除のやり方は理解しているか，友だちと協調してできているかなど）

9. 帰りの支度，帰りの会

□帰りの支度は時間内にできるか

□帰りの会には参加できているか（係からのお知らせ，今日の振り返り，帰りの歌，先生の話を聞くなど）

□係の活動や日直の仕事はできているか（仕事の内容は理解しているか，友だちと協調してできているか）

10. 放課後，下校時

□子ども同士のトラブルはないか（放課後，下校時）

□決められたコースを通ってまっすぐ家に帰るか（寄り道やいたずらはしていないか）

□歩きながら危険なことはしていないか（道の真ん中を歩く，危険な場所に立ち入るなど）

表2　課題分析と支援の手立て

例１　朝の場面

子どもの実態と「困り感」：

３年生の連君は，登校しても床に荷物を放り出したままである。教室で友だちと遊んでいるのだが，朝自習が始まるころになると，いつの間にか教室から姿を消す。

朝の準備の手順くらい言われなくても分かっているだろうと，担任は思っていた。しかし，連君は，手順もさることながら，準備をすることの必要性すら感じていないようだった。また，自習時間にいなくなるのは，自習の内容が彼には難しかったからかもしれない。

身につけさせたい行動：

朝の準備を一人ですませ，自習に取り組む

課題分析と支援の手立て：

Ａ．朝の支度

課題１ ランドセルを机の上に置く

課題２ 手順表を見る

手立て①　手順表を用意する。

手立て②　途中で気が散ったときには声をかける

課題３　提出物を出す

手立て③提出物の種類ごとにかごを用意する

課題４　ランドセルの中身を机の引き出しに入れる

課題５　ランドセルをロッカーに入れる

課題６ 全部すんだら確認カードでチェックする

手立て④　確認カードを用意する

課題７　確認カードを先生に見せてスタンプをもらう

手立て⑤　スタンプがたまったら好きなものを買ってもらえることにする

手立て⑥　最終的には一人でてきぱきとできるようになることが目標である。そのためには，教師の声かけなしでする，５

分以内にするといった目標を設定するとよい。また，目標を高めるごとに，確認カードを「シルバーカード」「ゴールドカード」のようにレベルアップすると，子どものやる気を持続させられる。

B．朝自習

課題１　８時２５分になったら教室に戻る

手立て①　校内にある時計の場所を，前もって確認させる

課題２　自習プリントを選択する

手立て②　本人が苦にならない自習プリントを用意し，選択できるようにする

課題３　プリントをもって自分の席に着く

課題４　プリントの問題を解く

課題５　早く終わったら８時３５分まで本を読む

課題６　確認カードにスタンプをもらう

例２　給食の場面

子どもの実態と「困り感」：

１年生の紗織さん。給食当番でないときには，配膳ができるまでの約10分間，周りの子どもたちと机を囲んで待たなくてはならない。ところが，本人によれば，その時間がどうしても耐えられないのだという。

「静かに待ちましょう」と言われても，その時間の過ごし方が紗織さんには分からなかった。他の子たちは，手遊びをしたり，ひそひそ話をしたりして，各々がうまく時間をつぶしている。しかし，それができない彼女にとっては，ひどくストレスのかかる時間なのである。

身につけさせたい行動：

当番でないときに，配膳がすむまでの時間を穏やかに過ごす

課題分析と支援の手立て：

課題１　班の友だちの机をふく

手立て①　待つ時間を減らすために，机ふきの仕事を彼女に固定する

課題２　ふきんを洗ってかける

課題３　手を洗う

課題４　レシピカードを取ってくる

　手立て②　待つときに読むレシピカード（食材の産地やレシピなどを書いたメモ）を用意する

課題５　席に着いてレシピカードを読む

例３　グループ活動の場面

子どもの実態と「困り感」：

５年生の圭太君は，ふだんの授業には比較的穏やかに参加できる。しかし，グループ活動になると，途端にトラブルが多くなる。

小グループでの活動場面では，ともすると自分の主張を押し通してしまう。圭太君は，ひとたび自分のモードに入ってしまうと，なかなか軌道修正ができない。あとで振り返ると反省はできるのだが，そのときには，自分でもどうにもならないらしい。思いこみが激しく，がまんをするのに人一倍努力がいる。それが，圭太君の「困り感」である。

身につけさせたい行動：

グループ活動（たとえば，「お楽しみ会の準備」）のときに，周りの子どもと協調した行動をとる

課題分析と支援の手立て：

課題１　朝登校したら，養護教諭といっしょに「ソーシャルストーリー」のカード（表３）を読んで，グループ活動への参加の仕方をリハーサルする

　手立て①　ソーシャルストーリーを作成する（作成の方法は〈表４〉）

　手立て②　前日のうちに準備できることはさせておく（家でクイズの問題を考えてくるなど）

課題２　グループ活動に参加する（〈表３〉のソーシャルストーリーに沿って，一つずつ課題をこなす。圭太君には，「グループ活動にはまる」心地よさを体験させたい）

表3「お楽しみ会の準備」のソーシャルストーリー

お楽しみ会の準備をします

きょうの4時間目はお楽しみ会の準備です

□5Ａでは，来週の水曜日に「お楽しみ会」をします
□きょうの4時間目は，その準備をします
□準備は，班ごとにします
□一つの班が，一つずつ遊びをたんとうします
□圭太君の班では「クイズコーナー」をたんとうします

クイズの問題を作ります

□きょう，圭太君の班では，クイズの問題を作ります
□ぜんぶで，10問作ります
□班の人が手分けをして作ります（圭太君は3問，夏美さんは2問，実君は3問，七菜さんは2問）
□圭太君は，家で考えてきた問題を，先生がくばった紙に書きます
□圭太君が楽しい問題を作ると，圭太君の班の人たちが喜んでくれます

班の人が作った問題を集めます

□圭太君は学習係なので，班の人が作った問題をファイルにとじます
□圭太君の班の人が作った問題は，ほかの班の人にはないしょです。圭太君がほかの班の人に教えてしまうと，圭太君の班の人はがっかりしてしまいます
□班の人が作った問題が集まったら，ファイルを先生にあずけて，おしまいです

表4　ソーシャルストーリー作成のポイント

「ソーシャルストーリー」は，社会的な行動が要求される場面で，発達障害のある子どもが適応的かつ自立的な行動をとるための手引きである。この子たちは，周囲の人々が，自分にどういったことを期待しているのかを読みとるのが苦手である。そこで，想定される場面ごとにその場の状況を説明するとともに，その場面では周りの人たちが何を期待していて，それに応じてどう振る舞ったらよいのかを，紙に書いてあらかじめ伝えておくのである。

また，気をつけてほしいのは，ソーシャルストーリーを，いわゆる「問題行動」を解決する目的で用いないことである。ソーシャルストーリーは，社会的な行動を求められた子どもの「困り感」を軽減するツールだと考えるとよい。

「ソーシャルストーリー」を作成するポイントは，次の通りである。

1．子どもの力（文章の読解力，読んで場面を想像する力，状況を読みとったり相手の期待を感じ取ったりする力，ストーリーを記憶しておく力など）に合わせたストーリーを作成する。

2．ストーリーに盛り込む文は，大きく分ければ二通りである。

①本人に期待される振る舞い方の背景を説明する文（客観的な状況説明に加えて，その場面で周りの人が本人にどのようなことを期待しているのかを示す）

②本人に期待される具体的な振る舞い方を示す文

①の文を読むことによって子どもが状況を適切に把握し，そのうえで②の文で示された振る舞いを学ぶというのが理想である。②の文が多すぎると，子どもを指図するだけになってしまう。

3．ストーリーを読むことで，過去に経験した不快な場面を思い起こしたりする危険があるときは，ストーリーの使用は控えた方がよい。また，子どもによっては，紙に書いて行動を促されること自体に嫌悪感を示す場合がある。絵カードなどによって，行動を強要されたり厳しく禁止されたりした経験があるとそうなりやすい。このようなときにも，ストーリーは使えない。

生活を支える個別支援—生活に見通しを持たせる

生活を支える個別支援のもう一つのポイントは、生活に見通しをもたせることである。まずは一日の生活をつくることから着手する。そして、一週間、一か月、一学期間と、より長期的なスパンで生活が設計できるよう支援を進めていきたい。

一日の生活に見通しをもたせる

●子どもの生活をつくる

小学校に入学して少しすれば、学校での一日がどのように過ぎていくのかが、子どもなりにだいぶ分かってくるものである。

ところが、発達障害のある子ども、なかでも自閉症の子どもは、一日の生活に見通しをもつことがたいへん苦手である。この子たちには、毎日を安心して、かつ楽しく過ごせるような生活の流れを、教師が示す必要がある。

たとえば、前述した学校生活のチェックリスト（表1）を参考にして、集中力が切れやすい時間帯の後に、本人が楽しみにしている活動をもってくるといった配慮は必要である。また、給食の前になると頑張れるという子どもには、その時間帯に少々負荷のかかる課題を入れるのも一つの方法だろう。

事例（中一）

部活に向けて一日を過ごす

小学校に通っているころは、保健室登校を続けていて、なかなか生活のリズムがつくれなかった敬子さん。高機能自閉症と診断されている。

中学校に入り、念願の吹奏楽部に入部した。長続きするかとても心配したのだが、どうにか軌道

に乗った。

また、これは全く予想していなかったことなのだが、部活を熱心にするようになってからは、まる一日を教室で過ごせるようになった。一日の最後に楽しみな部活があることで、生活に見通しがもてるようになったらしい。そういえば、小学校というのは、こういう見通しがたちにくいところなのかもしれない。

●スケジュールの必要性

スケジュールは、教師や学校の都合を子どもに伝えるだけの目的で使用してはならない。

スケジュールを定着させる最大のポイントは、子どもにスケジュールの「必要感」をもたせることである。スケジュールを示してもらえると、安心して一日を過ごせるのだと言う子どももいる。そういう子どもは、もともとスケジュールを使う「必要感」が高い。一方、はじめはスケジュールに見向きもしなかった子どもでも、毎日のスケジュールの中に、楽しみなことをいくつか盛り込むと、驚くほど反応が変化したりする。

長期的な見通しを持たせる

一日のスケジュールが決まり、好きなシールを貼ってもらって調子よくいっていたのもつかの間、再度生活が崩れてくることがある。その理由の一つとして考えられるのが、子どもが、その日その日の断片を生きていることにある。そんな彼らには、本人がそこに向かって毎日を頑張れるような何かを、一日の生活の範囲内だけでなく、ある程度先の時間的な広がりの中に提示したい。

私たちは、木曜日くらいになると「あと二日頑張ったら休み」だとか、「来週末はどこそこに行くのが楽しみ」だとかいうように、先になにがしかの楽しみをぶら下げて、そこに向かって今を生きている。だから多少のことは我慢できるのである。

事例（二〇歳）

一か月先の見通しを示す

二〇歳になる康夫さんは、自閉症の青年である。家庭の事情で数年前から施設を利用している。

一日のスケジュールはよく理解できているようだった。しかし、ひどく波があって、良いときは自分から進んで作業に取りかかるのだが、そうでないときには、朝からごろごろしていて、まったく動こうとしなかった。無理に作業に誘うと、夜になって思い出したようにパニックになることがあった。

康夫さんの行動を記録して分かったのは、行事や一時帰宅の日が近づくと調子が上向き、逆に自宅から施設に戻ってきてしばらくは不調が続くことだった。

そこで指導員の田中さんは、康夫さんに一か月先が見渡せるスケジュール表を作ることにした。康夫さんが好きな行事や、次回の帰宅予定を記入した。そして、それに向けて、今は何をして過ごしたらいいのかを、康夫さんといっしょに考えた。

こうした支援を続けるうちに、康夫さんの生活は徐々に安定してきた。もちつき大会の一週間前、朝、布団から出てこない康夫さんに、「これではもちつき大会に出られませんね」と声をかけた。康夫さんは、さっと布団をたたんで、指導員室にやってきた。

保健室登校から先に進まない子どもや、教室をエスケープしてしまう子どもたちは、なぜか学校行事には喜んで参加する。こうした行事に向けて学校生活を設計することも、支援のレパートリーには加えておきたい。

生活を支える個別支援——教師の期待を伝える

これまで述べてきたような手立てを尽くして、生活を支える「個別支援」をする。しかし、担任や「個別支援」にあたる教師がこの子たちにしばしば感じるのは、教師の期待をくみ取り、それに応えようとする力の弱さなのではないだろうか。

しかっても感情が伝わらない

高機能自閉症やアスペルガー症候群といわれる子どもには、教師や親の感情が伝わりにくいようである。

事例（小二）
しかられても平然としている

二年生の耕二君。気に障ることを言われ、筆箱を友だちに投げつけてしまった。ここのところ、そういうことがたび重なっていたこともあり、担任は耕二君を呼んだ。人に向けて物を投げたらいけないことは分かっているようだった。そのときは、とてもしんみりしているように見えた。

ところが、「これからは気をつけましょうね」と話し終えた直後だった。耕二君は、担任の胸元のブローチをみて、「先生、それかわいいね」と言うのだった。これには、担任もがっくりきた。

しかられていたという実感がないのか、しかった担任の気持ちが伝わらないのか。本人にしてみれば、「やっと解放された」くらいにしか思っていなかったのかもしれない。

相手の「期待」に応えることの希薄さ

知的には相当な力をもっていても、自閉症の子どもは、これをしたら先生はがっかりするのだとか、悲しむのだとかいうことを感じ取れないことがある。反対に、この子たちは、「こうしたら相手が喜んでくれるのでがんばろう」とも、なかなか思えないのである。相手の「期待」を読みとる力が弱いといったらいいだろうか。

　また、自閉症の子どもが、社会的な状況認知を不得手とするのは、周囲からの「期待」に対する感度の低さが一因になっている。というのも、周りから何らかの期待が差し向けられているという感覚があってこそ、その場の状況が社会性を帯びるからである。

　自閉症の子どもの場合、その障害が重いほど、他者からの「期待」を契機とした社会的状況認知が成立しにくい。彼らに「社会性」が育ちにくい背景には、そうした理由がある。

「良いことノート」の活用

　生活を支える「個別支援」では、新たな目標に向けて支援を進めるばかりでなく、今できていることを認め、「頑張ってるね」と励ますことも大切である。そして、「先生が期待していたことは、そのことなのですよ」と、子どもの行動に意味づけをするのである。次に紹介する「良いことノート」は、そういった支援を行うためのツールである。

事例（小二）　良かったことを書き留める

二年生の幸男君。毎日の生活にめあてを決めたのだが、いっこうにポイントがたまらない。そこで担任は、ふだんの生活で、幸男君が二年生として望ましい行動をするたびに「良いことノート」に記録することにした。

「良いことノート」はつねに担任が携帯した。友だちに順番を譲ったとか、落ちていたぞうきん

を拾ったとか。ノートに書かれたことは、そのほとんどが、あたりまえなことばかりだった。しかし、担任はそれを「できてあたりまえ」とせず、「先生はそういうことをあなたに期待していたのです」と訴え続けた。

大切なことは何なのかをどうしても教えたかったと語る担任は、一つの「良いこと」に対して何度も評価をした。「良いことノート」に書くときにほめ（一回目）、連絡帳に書き写すときには、畳みかけるようにもう一度ほめた（二回目）。

「ほめる」というより、「きょうも頑張ってくれて先生はうれしかった」という担任の気持ちを伝えたかった。連絡帳の「良いことコーナー」は、小さく囲った。「良いこと」がいくつもあったときに、「書ききれないね」と、いっしょに喜べるようにである。

さらに、連絡帳を見せて家でも認められ（三回目）、翌朝学校に来たときに「きのうは、すごかったね」ともう一回（四回目）。

ある日のこと、クラスの様子を見に、教室を訪ねた。幸男君は、授業が終わるやいなや「先生、さっき何書いてた?」と走り寄った。「幸男くんが、さんすうをがんばっていたので、先生は大かんげきです」と書いたメモを見せた。幸男君は、「じゃ、あとで連絡帳にも書いてね」と言い残し、その場を去った。

「良いことノート」は、教師が何を子どもに「期待」しているのかを教えるツールである。そして、「良いことノート」を使っていちばん伝えたいことは、「期待」に応えてくれた子どもに対する、教師の「喜び」や「感激」の気持ちである。こういう感情が通じるようになると、子どもとの距離は一気に縮まる。

第6章

支援の手立て（5）
崩れた学級を立て直す

エピソード
❻

6月中旬の保育園4歳児クラス。朝の集会場面である。若手の渡辺保育士が，それは様々な顔ぶれの子どもたち25人の前に出た。

半円形に並んだいすに座る園児，一人ひとりの健康チェックが始まる。子どもの反応がとてもいい。最後の子どもが「はい，元気です」と答えると，給食当番を示す円盤が登場する（写真1）。

渡辺保育士は，「昨日はひよこさんチームだったので，今日は……」と言いながら当番のマークを移動させる。続いて，絵本を1冊。子どもたちは，じっと見入っている。

次の活動は忍者のダンス。「おいすが邪魔になります。渡辺先生が呼ぶチームから，置いてきます」。歯切れのよいことばが，子どもたちに伝わる。全員が片づけ終わると，待っていた子どもに「はい，お待たせ」と明るく声をかける。

何をするにも，することがよく分かっているから，自分たちでてきぱき動く。担任も，任せるところはしっかりと子どもに任せている。厚い信頼を寄せられている子どもたちの満ち足りた表情が，そこにはあった。

小学校では最近、低学年の学級崩壊が深刻になりつつある。発達障害を扱う本書でこの問題をとり上げたのには、二つの理由がある。

一つは、こうした状況に陥ったクラスでは、しばしば発達障害のある子どもの問題が取りざたされているからである。二つめは、学級が落ち着かないままでは、発達障害のある子どもの支援が、事実上不可能だからである。彼らを救うには、学級づくりへの手当てが優先されなければならない。

写真１

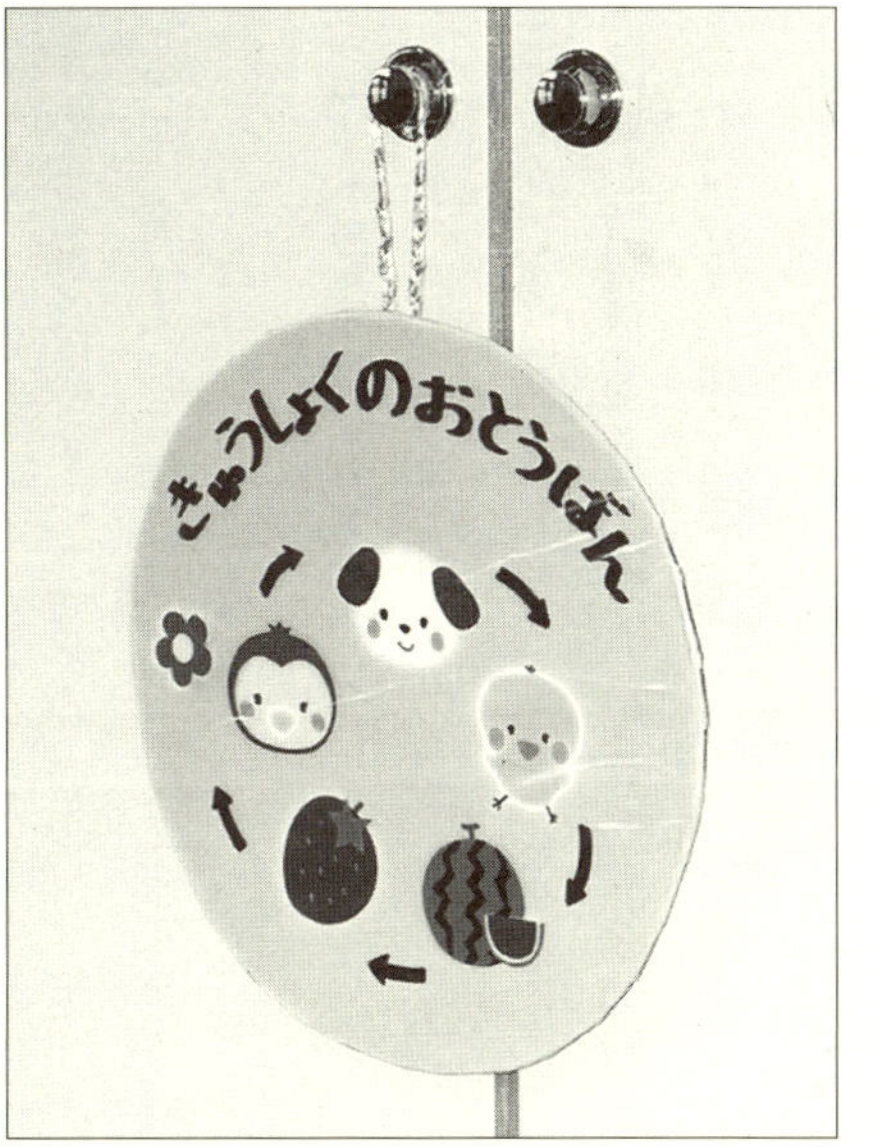

低学年における学級崩壊の実態

多発する低学年学級崩壊

扉のエピソードに紹介した渡辺保育士のクラスを訪ねると、いつもほっとする。というのも、ここ数年、保育園や幼稚園、そして小学校低学年の学級の様子が穏やかでなくなってきているからである。

授業が成立しない、集団が育たない。少し前まで、「小一プロブレム」と呼ばれていた現象が、小二になっても収まらない。保育園や幼稚園でも、同じようなことが起こっている。

●授業が成立しない

話を聞けない、絶えずしゃべっている、そして立ち歩く。教科や授業の内容によって差はあるが、こうした状態が長く続くと教室がサロン化する。おもしろそうなことがあると、そのときだけ授業に参加する。ちょっと参加して、あとは好き勝手なことをしている。

●集団が成立しない

いっしょに行動するときに、並べない、待てない。掃除や給食当番などの、決められたことができない。また、毎日のように子どもの間でトラブルが発生する。子ども同士がつながらず、それぞれの子どもと教師との一対一の関係だけで成立しているクラスである。「集団」というより、「集合状態」である。

クラスが「集合状態」のままだと、力の強い子どもの言い分が通りがちになる。おとなしい子どもは我慢を強いられる。ひどくなると、学級全体が凍りついたようになってしまう。

崩れる学級に共通すること

●発達障害のある子どもの問題

高機能自閉症やＡＤＨＤなどと診断されているか、その疑いがあって、とりわけ衝動性の強い子どもが、教室では確かに目だつ。

しかしこの子たちは、学級が崩れる原因ではない。騒然とした教室の雰囲気に、むしろ彼らはいちばん影響を受けやすい。実際、進級して集団が変わると、前年のことがうそのように落ち着く場合がある。

●「ニュートラル」な子どもが多い

よくも悪くも、流されやすい「ニュートラル」な子どもがいる。教室が騒がしいと、それにつられて注意が散漫になる。逆に、周りが静かに勉強していれば授業に集中できる。

担任が、特定の子どもへの支援を厚くすると、このような子たちはそれに敏感に反応し、教師との一対一のかかわりを強く求めてくる。当然、担任は抱えきれなくなる。中途半端な対応が、子どもの不満を助長する。

●手だての不足

授業にきめ細かさがない。集団づくりの工夫に欠ける。以前なら、教師の手だてが多少不足していても、それをある程度、子どもが埋めていたのかもしれない。しかし、最近の子どもは違う。これまでのやり方では通用しない。

●学年団のまとまりがない

崩壊した学級がある学年団というのは、しばしば教師間でのコミュニケーションが不足している。教師同士が十分に話し合いの時間を持てていなかったり、リーダーとなる学年主任のクラスが崩れてしまったりと、理由は様々である。

逆に、学年団の教師の結束が強く、学年で子どもを育てるという意識をしっかり持っている学校では、学級が崩れるということはなかった。また、崩れかけた学級を立て直した成功例はどれも、学年団全員の努力によるものだった。学年単学級の学校では、もちろん学校全体での取り組みが必要である。

立て直しに着手する前に

ひとたび崩れた学級を立て直すのには、一定の時間がかかる。結果の出る対応をするために、確認しておきたいことがある。

担任による現状認識

●「子どもが悪い」という無策の訴え

学級が落ち着かないのを、特定の子どもの問題行動によるものと考えてはいけない。注意をしても聞かない、すぐにキレるなどと、教師の困り感ばかりを訴える。「その子がいなければ」ともとれる発言を続けている限り、問題は何も解決しない。

●現状に向き合う

学級経営がうまくいっていないことに、最も気づきにくいのは担任なのかもしれない。「四月と比べればだいぶいいし、なんとかなるだろう」という見たての甘さが命取りになる。

指導の難しい子どもが学級にいても、やはりこうまではならないはずだという現状認識を、まずは担任がもつことである。それが、問題解決の前提である。やってきた指導のどこがまずかったのかを振り返る姿勢がなければ、何を試みても成功しない。

チームを組む

●問題を解決する単位を決める

持続的に支援を行うためには、校内で支援チームを編成する必要がある。

小規模の学校では、学校全体で取り組むこともある。中規模以上の学校では、さきほども述べたように、学年団の教師の協力が必須条件となる。また、学年団の話し合いを実のあるものにするためには、生徒指導や教務、特別支援教育コーディネーターなどが加わった、いわゆる「拡大学年会」を単位として問題の解決にあたるといい。学年団の教師だけでは、支援の方向性を出すところまで話が深まらないことがある。

事例（小二）　学年団あげての対応

Ａ小学校では、二年生が四クラスある。その中の一つのクラスで、五月ころから授業が成立しにくくなった。いち早く危機感をもった担任は、学年主任と校長に相談をもちかけた。当座は、担任外の教員がフォローすることで何とか持ちこたえた。しかし、いつまでもつか、誰もが見通しを持てずにいた。七月になって、二年団を中心にした拡大学年会がもたれ、学年団の協力を強化することが確認された。四人の教師は、夏休みのほとんどを費やし、学年でいっしょに取り組めることを考えた。学級経営の進め方や学年行事の企画など、細部まで念入りに打ち合わせた。

二学期になり、話し合ったことを一つひとつ実行した。取り組みの成果は、見る見るうちに現れた。一〇月になると、それまで支援を続けてきた教員が教室に入ることはなくなった。学年団の教師が、文字通り汗を流して努力した結果だった。

●同僚による担任支援

精神的に追い込まれていたり、指導力の底上げが求められていたりするときは、同僚による担任支援が必要である。もちろん、支援にあたる教員に任せきりはまずい。周囲の協力は欠かせない。

事例（小二）担任をみんなで支える

B小学校は、学年単学級の小規模校である。二年生のクラス。去年から気になっていたのだが、やはり出だしでつまずいた。何人かの子どもたちが、担任とのかかわりを強く求めてきた。担任は、一人ひとりに十分対応してやれず、満たされない子どもは教室内を立ち歩くようになった。

もともとこの小学校には、学校全体で子どもを育てる風土が育っていたこともあって、問題が大きくなる前に、同僚が全員で支援に参加した。子どもに振り回されがちな担任に、支援に入った教師たちは言った。「先生がしかっても僕らがフォローするから大丈夫」と。

担任が安心して子どもたちを引っ張れるようになって、クラスは変わった。秋の運動会が終わるころには、一学期のこのクラスが想像できないほど穏やかに授業が進められていた。

当面の手立て―担任による立て直し

学習規律を子どもと共に確認する

●「区切り」の話し合いが必要

いったん崩れた学級は、少しずつできるところから手を入れるというやり方では、立て直しが難しい。どこかで、それまでの学級経営との「区切り」をつける必要がある。

とは言え、担任が一方的に「区切り」の宣言をしたのでは、子どもたちは納得しない。次に述べるように、自分たちが、教室でどう過ごしたらよいのかを確認し合うための「話し合い」が必要である。もちろん、子どもによる話し合いが成功するよう、担任は周到な準備をしておきたい。

●「話し合い」で確認したいこと

子どもたちに尋ねると、「この学級で、自分たちはこう振る舞うべきなのだ」ということばが返ってくる。そうした子どもの発言に、担任は説得力ある意味づけをしたい。

「それが、一年生のあなたたちに、みんなが求めていることなのですよ」という社会的な規範性による意味づけ。また、「お友だちの話を聞くことは、人を思いやることです」という倫理的な規範性も大切だ。学習規律がなぜ必要なのかを、このような観点から分かりやすく説明したい。

「区切り」の話し合いでは、クラス全体で決め、全員で守る学習規律を確認したい。そうすることで、騒々しい教室の中にいながら、きちんと学習に取り組んでいる子どもの努力を正当に評価することができる。頑張っている子どもたちを支えると、クラスの雰囲気は大きく変化する。

●どんなことをどのように示すか

学習規律としてよくとり上げられるのは、話を取らない、話は目で聞く、席を立たない、友だちを傷つけない、チャイムが鳴ったら席に着く、忘れ物をしないといった内容である。

事例（小一）　学習規律を壁面に掲げる

一年生の伊藤先生のクラスでは、このうち三つを選び、目につきやすい場所に掲げた。友だちの発言中にうっかりおしゃべりしてしまった哲郎君に、伊藤先生は掲示を指さしてそっと目配せした。「分かっているよね」の合図に、哲郎君はにっこりして口に手を当てた。

また、静かに課題に取り組むべきときに、「サイレントタイム」と書いたカードを黒板に貼り、子どもたちに集中を促すのもよく使う手である。

さらに、それぞれの子どもの机の隅に、その日のめあてを書いたカードを貼る方法もある（図1）。チャイムが鳴って席に着くや、カードに○をする光景はほほえましい。

図1　めあてのカード

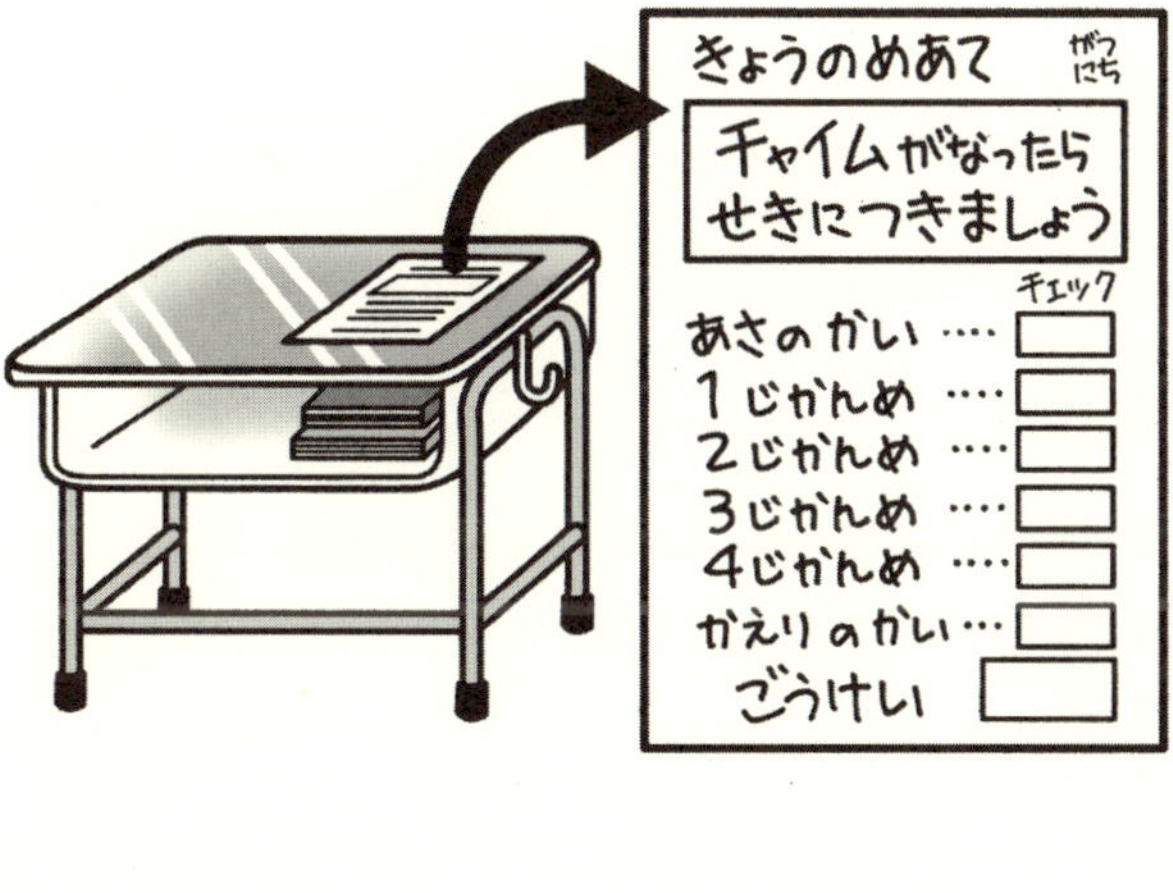

分かる授業の工夫

●今すべきことを分かりやすく伝える

扉のエピソードで紹介した保育場面には、格段の集中力が子どもにあった。渡辺保育士は、子どもにさせたいことを明りょうなことばで伝えていた。どの子も、今、何をするのかが分かっている。だから、いつも子どもの体が前を向いている。渡辺保育士は、そこを一つひとつきっちりとほめていた。学級が崩れる最大の要因は、子どもから「分かる」実感が失われることにある。

●視覚的に示す

視覚に訴える工夫も不可欠である（図2）。

机の上に用意すべきものを書いて、黒板に貼る。子どもが頑張ったときに登場するキャラクターを考案するのも、授業にメリハリができてよい。

また、◎○△のカードを作って、子どもが教科書を音読した直後に評価する。もちろん、読みの苦手な子どもには、別の場を設けて練習させると

図2　視覚に訴える工夫

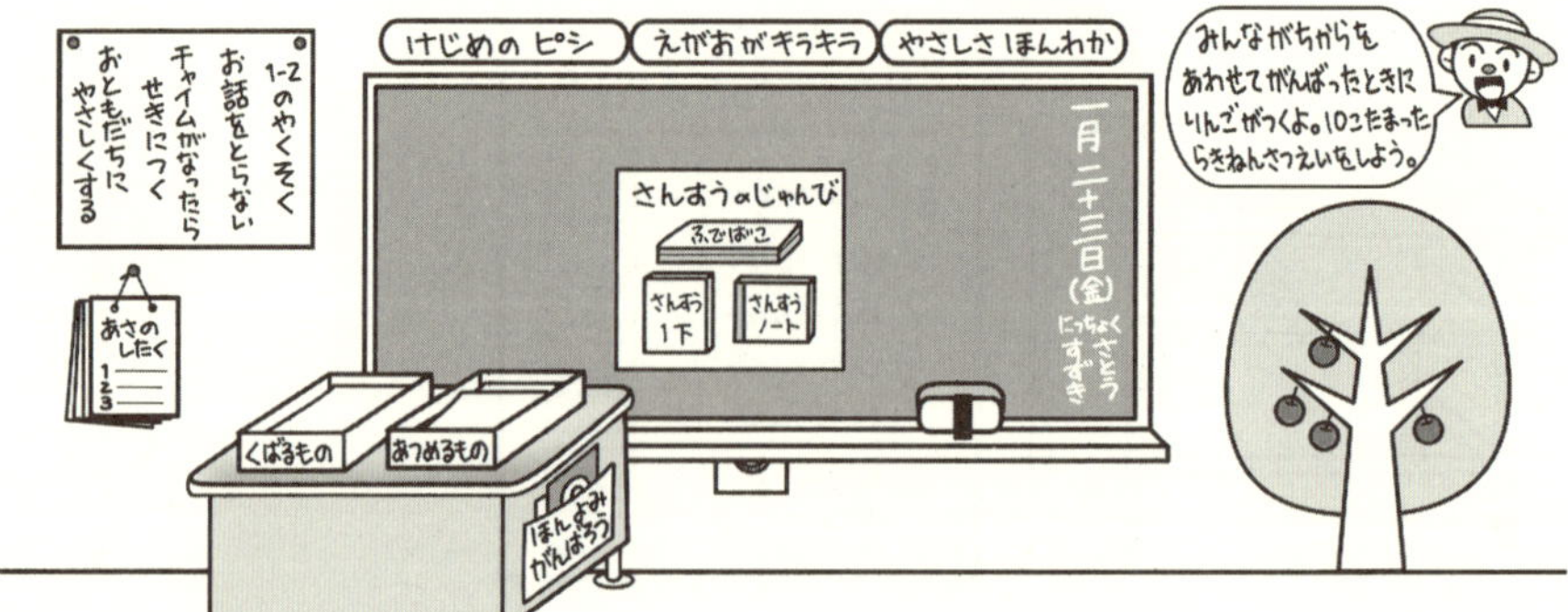

いった配慮が必要である。

●段取り・手順を示す

会の司会をさせるとき、日直の子どもに進行のメモを持たせることがある。段取りを子どもに教えるためである。同様に、朝の準備や帰りじたくのときにも、手順を示したカードを掲示するとよい。提出物や配布物を入れるかごも、用意しておきたい。

大切なのは、子どもが、自分たちでてきぱきと動けるような環境設定を心がけることである。自発的に生き生きと活動しているときにほめられた子どもは、いっそう自信を増す。

●授業の見通しを示す

国語や算数は比較的よくても、音楽などのように到達点の見えにくい教科では、全く授業が成立しなくなることがある。また、集中力に欠けた教室では、不用意に作業を伴った活動を導入すると、収拾がつかなくなることがある。テープを切ったりつなげたりしながら考えさせせようとした算数の授業が、行き先を失ってしまうことはよくある。

ひとたび手が着けられないほどの状況に陥ったときには、授業の型が成立するまで、同じパターンの授業を何回か繰り返すのも一つの方法である（P．36—37）。毎回の授業の見通しを子どもたちがもてるようになると、学習への参加の仕方もおのずと変化してくる。

クラスの頑張りを認める

●今すべきことを分かりやすく伝える

学級全体がざわついているように見えても、中には必ず、決められたことを毎日こつこつと努力している子どもがいる。しかし、教師に余裕がなくなってくると、そういう子どもの方に目がいかなくなりがちである。彼らに敬意を表しつつ、クラスの子どもたちのちょっとした頑張りを、教師はしっかりと評価したい。

〈図2〉にある「リンゴの木」には、子どもたちがめあてを守って一日を過ごせたときに、実が一つなる。りんごが一〇個たまったら記念撮影をするというものである。はじめの一つがなかなかつかなくて、担任はやきもきしたそうだが、二つ三つと増えるごとに、子どもたちは記念撮影を楽しみにしていたという。

写真2

また、崩壊したクラスの事例ではないのだが、キラリと光るアイディアを保育園で見かけた（写真2）。子どもたちの活躍を見ていた担任が、激励のことばをパネルに書くのである。ちょっと手をかけるだけで、子どもたちはがぜんやる気が出るし、クラスのムードも驚くほど変わってくる。クラスの子どもたちが、まるごと担任から信頼されている。そんな暖かみがそこにはあった。

当面の手立て―応援を借りた立て直し

目的を持って教室に入る

　学級が騒然としてくると、どこの学校でも教師が代わるがわる応援に駆けつける。その際、教室に入る教師は、共通の目的を持って子どもとかかわりたい。

事例（小五）　同じ目的を持って支援をする

五年生のクラス。子どもの集中力が極端に低下していた。学習の決まり事が失われ、一斉授業の形が崩れ始めていた。

**　コーディネーター役を務めた教師は、学級再建に向けた細かな支援計画を提示した。まず目標にしたのは、学習規範を取り戻すことだった。授業の前には、すべての子どもに教科書、ノート、筆箱を用意させる。これは、誰が支援に入っても、確実にするようにした。**

**　また、学級担任とも、こまめに連携を図った。担任は、子どもの実態と学習上のニーズを支援者に詳しく伝えておいた。一方、支援者は、一人ひとりの子どもの様子を見て気づいたことを、担任が用意した座席表に書き込んだ。**

**　このときの徹底ぶりには、誰もが目を見張った。もちろん、問題の解決も早かった。**

授業形態の工夫

　こうした手だてによって状況が上向けばよいのだが、支援が必要な子どもがたくさんいる学級では、そう簡単に改善は図れない。そのような場合、思い切ってふだんとは違う授業形態をとるのも一つの方法である。

事例（小二）小さな集団に分ける

山本先生の受け持つ二年生二五人のクラス。ある日の算数は、山本先生が「早く終わりたかった」と振り返るほど荒れた。熟慮を重ねた結果、教頭と教務の応援を借りて、算数の時間だけ三つの部屋に別れて、「超」少人数指導をすることにした。学習規律を定着させ、「わかる」実感をもたせるためである。

当初、担任から離れて算数を教わる子どもの表情は、とても不安げだった。しかし、その緊張感もよい方向に手伝って、わずかの間に子どもたちは変化した。二か月経過したところで、元の授業形態に戻した。かつての騒々しさは、跡形もなかった。

このほかにも、ステップアップタイムなどと称した、プリント学習による補習授業も効果的である。子どもの集中力がなくなる午後の授業時間を、うまく活用するとよい。

学級集団を育てる

発達障害のある子どもを支援をする目的で学校を訪ねると、すでにその子のいる学級が機能しなくなっている現実に何度も出くわした。

繰り返すが、学級崩壊は、発達障害のある子どもが原因になって起こるのではない。むしろ、この子たちは、機能しなくなったそのクラスで、毎日混沌とした日々を過ごしているのである。

そうしたこの子たちの「しんどさ」を救うため

にも、担任教師の学級経営が何にも増して重要であることを、学級崩壊の現実から筆者は学んだ。子どもの生活の基盤となる学級集団をしっかりと育てることは、担任ならではの役目である。

学級目標に向けた取り組みを図る

崩壊した学級の多くでは、学級目標が設定されていないか、あっても形だけだった。子どもたちの活動が向かう先として、学級目標はなくてはならないものである。

学級目標には、このクラスならではという、学級への愛着心を高める独自性が欲しい。また、目標のことばが何を示すのかを、子どもたち自身に見つめさせることも大切である。

事例（小二）

生きた学級目標をつくる

中村先生は、毎年学級開きのその日から、クラスの子どもの実態に合わせて、どんな学級目標をどのように作るかを思案する。二年生を受け持ったこの年は、子どもたち一人ひとりに「学級のめあてを考えてくる」宿題を出すことから始まった。子どもたちのアイディアに、教師の思いを重ねて決まった目標は、「まい日が大笑い、大笑いはいいきもち」だった。学級の総意で決めたものである。

子どもたちには、みんなが大笑いをするために、毎日何に取り組んだらよいのかを考えさせた。二年生なりの思いを、子どもたちは次々に訴えた。

学級経営の「仕組み」を作る

教室の壁には、教師の主張が現れる。こんな子どもに育てたいという教師の願いを届けるために、これでもかと言わんばかりの壁面に出会うことがある（写真3）。

このような教室では、担任が子どもたちに「ど

写真3

うしてもさせたい何か」を持っている。年間を通して、どの時期に何を指導するのかというちみつな計画がある。そして、それぞれの活動が、どれも学級目標に集約していくような「仕組み」が出来上がっている。

　ところで、こういう学級経営が仕組まれているクラスでは、発達障害のある子どもが実に生き生きとしている。

　目に見える「仕組み」があると、教師の意図が子どもたちによく伝わる。教師の要求に応える子どもたちは確かにたいへんだが、することがはっきりしている分、自分たちでよく動く。また、自分たちで動けるこの子たちは、互いに助け合うこともよく知っている。発達障害のある子どもが、自然に子どもたちの輪に入ってくるのである。

　一方、周りの子どもたちが育ってくると、発達障害のある子どもは、その子たちを見て行動するようになる。そうなれば、おのずからできることが増えてくる。この子たちには、モデルになってくれる同年代の子どもの存在が大きい。

集団の一員としての自覚をもたせる

●係活動を活性化する

係活動は、学級の組織づくりの核になる。係の活動は、学級目標に照らして決めたい。

係活動では、どの子にも一日一回は出番をつくりたい。それには、日ごとに個々の子どもの役割を書く欄を設けたカードを用意するのもよい（図3）。カードの中に自分の居場所を作ることで、学級の一員としての自覚を高めるのである。係の仕事をすることが学級のために役立つことを実感させ、子どもに自らの存在感や効力感を育てたい。

また、係や班の活動を活性化するためには、リーダーの育成も大切である。クラスにリーダーになれる子どもがいなければ、それを育てるのが教師の仕事である。一週間程度の輪番でリーダーの

図3　係活動カード

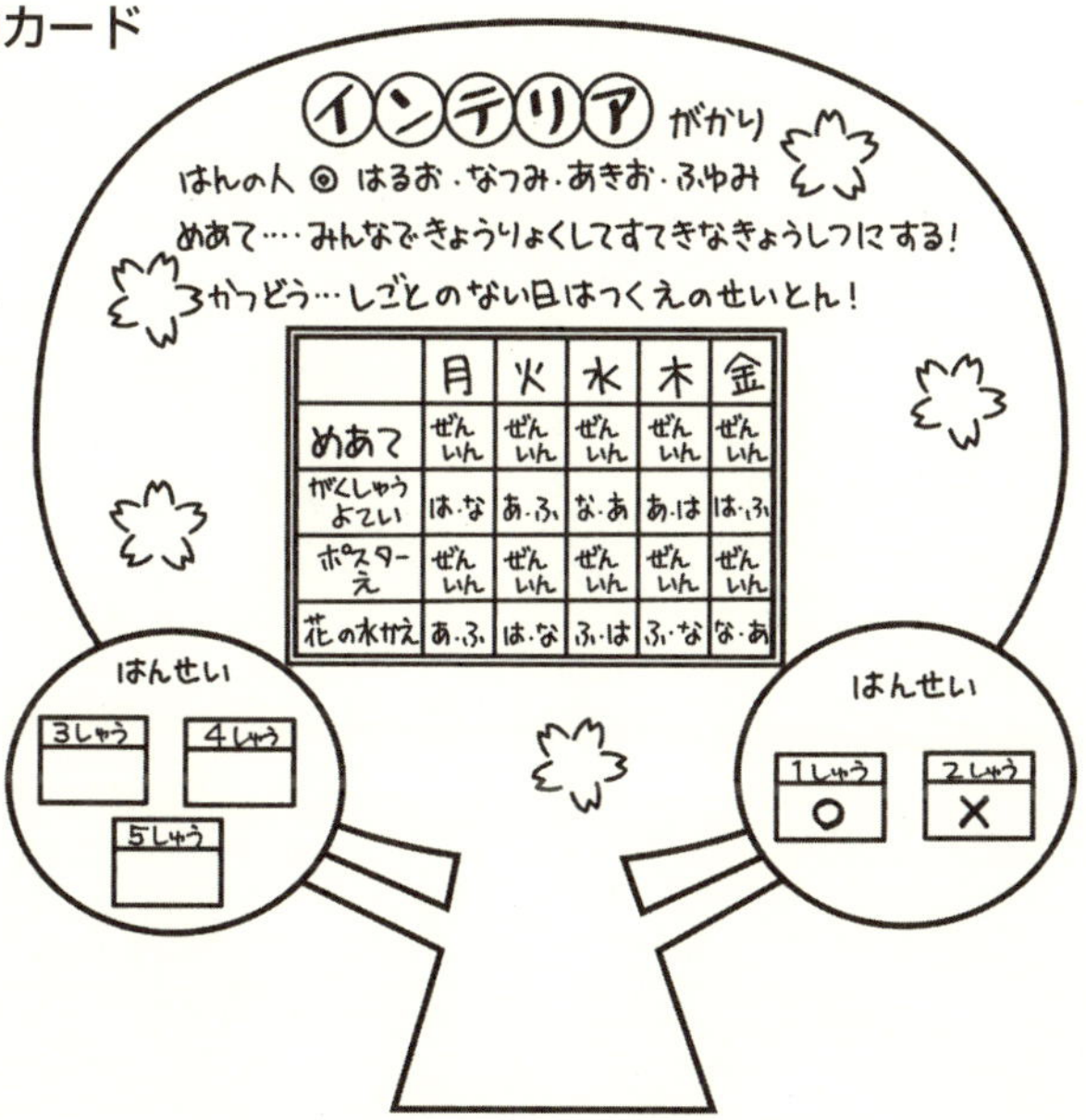

経験をさせるのでは、不十分である。一か月、場合によっては学期を一つの単位として、リーダーの役目が何なのかを教えていきたい。

●帰りの会を重視する

個、班、そして学級全体が、学級目標に立ち返る時間、それが帰りの会である。めあてが達成できたかどうかを自己評価するとともに、班や学級全体ではどうだったのかを確かめ合う。結果は、目に見える形で示すとよい（写真4）。

帰りの会は、子どもたちに、学級としての目標意識や規範意識を持ち続けさせるために欠かせない活動である。また、クラスの仲間との連帯感を経験できる大切なときでもある。

活動の場を保障する

●継続の柱をつくる

学級経営案には、年間を通して、学級全体で継続的に取り組む活動を盛り込みたい。

写真4

学校行事は、集団づくりに活用したいものの一つである。一年を通して、クラスで協力して行事に取り組む体験を積ませると、集団の力が格段に高まる。同時に、出番の少なかった子どもにも、活躍の場ができてくる。

また、学級独自で続ける活動を子どもたちに企画させるのもよい。次に挙げる「集会活動」もその一例である。

●集会活動を子どもに企画させる

楽しい活動場面が豊富にあるクラスには、子どもたちに満足感があふれている。とは言え、それを教師が用意してしまってはいけない。

事例（小二）　子どもたちが作る集会

二年の小林先生の教室では、行事の後や学期末に、子どもたちによる集会が実施される。活動を振り返らせ、クラスで協力して取り組むことの大切さを実感させるとともに、それを皆で祝うちょっとしたパーティーである。

回を重ねるごとに、「集会係」からは、教師をもうならせる企画が飛び出した。ほかのクラスではやっていないクラスじまんの遊びもある。好きなことを任せてもらった子どもたちは、頭も体もよく動く。**学級自治の芽は、こんなところにある。**

子どもに満足感がある学級には、子ども同士が支え合う「支持的な風土」がある。そんな教室で子どもが学べることが、親の願いでもある。

Column

子どもの目から見た学級崩壊

大学の一般教養の授業で，小・中学校のときに学級崩壊を経験したことがある人がどれだけいるかを尋ねてみた。おおよそ100人の学生のうち，17名が経験したことがあると答えた。

小学校と中学校とでほぼ半々，小学校の学級崩壊は，２つのケースを除いて３年生以上だった。彼らが小学生の頃は，今ほど低学年の学級は崩れていなかったようだ。

学生が思い起こして書いてくれたレポートの中には，相当にしんらつな記述があった。年月を経て，脚色されている部分はあれ，「子どもの目から見た学級崩壊」が，ありありと表現されていた。

●大学生のレポートから

小学校２年のときである。授業中に机の上を飛び歩く子がいたり，壁にボールが投げつけられて掲示物がはがれ，画びょうが降ってきたりしていた。先生が注意してもまったく聞かず，若い女性の担任は泣き出した。

休み時間は教室の後で「○○殺し」という遊びをしていた。一人の男の子を「○○」として，５人がかりで殴るけるというものだった。「○○」の方も，やり返していたので，一種の格闘技のようなものだったと思う。

私は，体が大きかったので何度か標的にされた。食べかけのゼリーに牛乳を混ぜたものを頭からかけられたり，金属のペンケースで頭を強打されたりした。男子に負けたくなかったので，ずっと平気なふりをしていた。

先生に対しては，半分あきらめのような感情を持っていた。なぜ男子がそういう行動に出るのか分からなかったが，先生がしっかりしていてくれればこんなことにならず，まともな授業ができるのになあと思っていた。

第7章

保護者とともに子どもを育てる

祥一君とは，彼が小学校３年生の時からの付き合いである。学習障害があり，月に何度か勉強を見てきた。

学校では苦労続きの祥一君だったが，なんとか高校にも進学できた。苦手な教科は，提出物をきっちり出すことで単位を確保した。高３になり，かねてから福祉関係の仕事がしたいと言っていた祥一君には，資格を取得するために専門学校を勧めた。無事合格した祥一君は，新たな目標に向け，毎日休まず通学した。試験の前は，一家で勉強だった。ところが学年末のある日，１科目だけ点数が足りず，留年が決定したとの通知が来た。これは，あまりにむごかった。

あわてて祥一君の家に駆けつけたものの，後の祭り。「せっかくここまで来たのだから…」とも言うに言えない雰囲気の中，祥一君は「もうやめたい」とつぶやいた。彼の意思はいつになく固かった。

しばらくして，父親が重い口を開いた。「もう，十分頑張ったじゃないか」。母親も深くうなずいた。その場の緊張が見る間に解けていった。彼のことを本当に分かっていてくれたのは，やはり両親だった。祥一君は今，アルバイトに熱中している。

教師は、子育てのパートナーとして、上手に保護者と付き合いたい。

第7章前半では、発達障害のある我が子を学校に通わせる保護者が抱く思いのいくつかを紹介する。後半では、教師が保護者と話をするときの基本的な心構えを示すとともに、子どもの問題に対する理解が得られにくい保護者との面談のポイントを整理する。

子どもを学校に通わせる保護者の思い

我が子を学校に通わせるという、ただそれだけのこと。そのことを巡って、保護者は日々、不安とストレスを感じている。

学校に通わせるだけなのに

我が子を安心して学校に通わせたい。親ならだれでもそう願うだろう。そんなごくあたりまえなことを実現させるために、障害のある子どもの保護者はたいへんな苦労をしている。

事例（小四）　悪行三昧《ざんまい》を言われても

四年生の嘉人君。高機能自閉症の子どもである。気が向けば席に着いて授業に参加するのだが、すぐに立ち歩いてしまう。注意をすると、かえって周囲の気を引く行動をとる。担任はしからないように心がけてはきたものの、どう指導していいか分からず、手をこまねいていた。

学校から要請があり、嘉人君の母親と面談をすることになった。診断を受けて間もないこともあって、母親はずいぶん戸惑っているようだった。

話を聞くにつれ、母親の口からは、学校に対する不満が次々に噴き出してきた。「学校でこんなトラブルがあったと、悪いことばかりを聞かされているような気がするんです」と語る母親は、担任から電話が来るたびに、「今度は何か」と身構えざるをえなかった。

　学校との関係がますますこじれてしまうことを心配し、数日後、母親と担任、そして生徒指導、校長、教頭を交えて、これからの対応を話し合うことにした。ところが、その場に臨んだ教師が報告したことは、嘉人君の「悪行三昧」とも言えるような内容だった。なるほど、これでは保護者もめいる。自閉症の理解など、かけらもなかった。

　そこで、嘉人君のとる行動を一つひとつ、発達障害という視点からとらえ直す作業をしていった。これは、ずいぶん効き目があった。教師も、それまでのやり方がまずかったことを率直に認めてくれた。校長も、「嘉人君に申しわけなかった」と頭を下げた。

　これで、母親にも少しは安心してもらえるかと思った。しかし、そんなものではなかった。「お話を聞いて、とても残念でした。子どもを普通に学校に通わせたいだけなのに、親はなんでこんなにしんぼうしなくてはならないんでしょうか」。涙ながらに語られた、重いひと言だった。その後、母親は、せきを切ったように、それまでため込んでいた思いを訴えた。

何事も保護者の立場に立って

●学校の都合

　相手の立場に立って考えることが大切だということは、百も承知しながら、学校では、とかく教師の都合が優先してしまいがちである。

事例（小一）　保護者への配慮

自閉症と診断はされたが、その程度はごく軽い宏一君。通常の学級への就学も考えたが、最終的に、個別学級に籍を置いてのスタートになった。むろん、保護者が納得しての選択だった。

入学式当日、個別学級の担任から、「式のときは、交流の学級の中で名前を呼びます」と告げられた。交流の学級の担任が、名簿順に呼名していった。ところが、宏一君の順番になったそのときだけ、個別学級の担任がマイクを持ち替え、宏一君の名まえを呼んだ。式が終わって母親は、「ちょっとショックでした」とつぶやいた。保護者への配慮が足らなかった。

●毎年の引き継ぎは丁寧に

担任が替わるときの親のストレスを、教師はどれだけ受け止めているだろうか。

事例（小五）
今年はどんな先生？

「毎年、担任が替わるごとに、子どものことを説明するのがひと苦労なんです」。保護者から、しばしば聞かされることばである。

親としては、我が子のことを少しでも理解してくれる教師に子どもを預けたい。ＡＤＨＤで五年生になった裕君の母親は、「うちの子は、学校の中で目だっているから、どの先生も知ってくれていると思うんです。今年は、転勤してきたばかりの先生が担任なので心配です。せめて、去年からこの学校にいた先生だと安心なのですけれど」と語った。

このような場合、早めに校内でケース会を開き、昨年までの子どもの様子を細かに引き継ぐ必要がある。またその際、子どもの実態だけでなく、保護者が、担任や学校にどんなことを期待しているのかについても伝達しておきたい。年度替わりであわただしいときではあるが、保護者にとっても、ストレスの多い時期であることを忘れてはならない。

●保護者には報告を

「わかりました、よく話し合ってみます」との校長のことばに、「よろしくお願いします」と保護者が返して終わる懇談。

　学校では校内委員会を開き、できそうなことを検討する。当面これでやってみて、まずければまた考えるということで、委員会は落ち着く。

　ところが、そういうことが、それを頼んだ保護者には伝えられていないことが多い。保護者は、その後どうなったのかが気がかりで仕方ない。あまりしつこく尋ねると嫌われると思いつつ、二か月も三か月も学校から何も言ってこないと、いてもたってもいられなくなる。

　先生たちは何をしてくれているのか。どんな小さなことでもいいから、保護者は知りたいのである。「そんなに神経質にならなくても」と思わないでほしい。学校からの「報告」がないから、心配なだけなのだ

●はじめから「できない」と言わないで

小学校ではずいぶん良くしてもらっても、心配なのは中学校である。

　中学校では、授業のスタイルも、生徒に期待する行動も違う。小学校のやり方をそのまま継続することは困難だし、また必ずしもそれが子どものためになるとは限らない。

　それはそうなのだが、やはり親としては、小学校ではこんな配慮をしてもらったのだと、中学校の先生には伝えたい。その通りにしてくれと頼んでいるのではなく、そういう配慮があればうちの子は安心するのだということを分かってもらいたいのである。

　ところが、こうした親の思いをよそに、「中学校では、そういうことはできません」とあっさり言われてしまうことがある。あまりに中学校の事情ばかりを強調されると、「あなたは、中学校がどういうところか全然分かっていませんね」と、保護者の無理解を責められているような気にさえさせられる。

保護者を傷つけることば

教師の心ないひと言が、ひどく保護者を傷つけることがある（図）。

図　保護者が傷つくことば

?!??!

「困っています」

「専門ではないですから」

「どうしたらいいか，専門家に聞いてきてください」

「忙しい，忙しい……」

●「困っています」

「友だちの持ち物を隠すので困っています」「授業中に、教卓の下に潜り込んでしまうので困ります」。我が子が、担任からこんな言われ方をしたらどうだろう。愛情が足らないのだろうか、育て方がまずかったのだろうかと、自分を責めてしまう保護者も少なくない。

「困っています」と、教師の困り感をことさらに強調することは、「あなたの子どもがいて、私は迷惑しています」と言っているようなものである。「ご迷惑をおかけしてすみません」とでも、親に言わせたいのだろうか。

●「専門ではないですから」

通常の学級を担任する教師の多くが、障害のある子どもの教育について専門的に学んでいないことは、保護者がいちばんよく知っている。一方で、我が子を受け持ってくれる以上、ある程度は勉強してくれるだろうと期待もしている。

それゆえ、担任から「私は専門ではないので」

と言われると、保護者はただ落胆するしかなくなる。「私には関係がありません、できません」と、指導を放棄したようにも受け取れることばである。

同じようなことばで、「どうしたらいいか、専門家に聞いてきてください」という言い方。教師であるなら、自分で尋ねに行くのが当然だと思うのだが、親としてはそうも言えず、これまたやりきれないひと言である。

●「ほかのお子さんもいますので」

うちの子だけを特別に扱ってほしいと言っているのではない。まずはうちの子のような子どももいることを分かってほしい。

こんな思いを抱いて学校に足を運ぶ保護者に、「ほかの子どもさんもいるので」と告げるのはあまりに酷である。言われなくてもそれは分かっている。反論のしようがない分、親はいっそうつらくなる。

また、我が子が高機能自閉症だったりすると、「もっと手のかかる子どもが他にもたくさんいるんですよ」と言われることがある。「そういうことを聞いているのではないのです」と、言うに言えないいらだちを、親は抑えきれなくなる。

●「忙しい」

教師が忙しすぎるのはよくない。そしてもっといけないのは、保護者の前で繰り返し「忙しい」と口にしたり、いつも忙しそうにしたりすることである。「忙しい」ということばや振る舞いは、来る人を拒み、相手を傷つけることがある。

事例（小二） 人を遠ざける「忙しい」ということば

二年生の百合子さんは、読み書きが極端に苦手だった。ノートや連絡帳を書くのがあまりにつらそうだったので、保護者は思い切って担任に相談してみた。担任は、百合子さんのことを気にはしていたものの、研究公開で忙しく、ゆっくり話す時間をつくれなかった。「忙しくて」が口癖になっていたのもいけなかった。

昨年の担任も似たりよったりだったこともあり、両親は考え抜いた末、「この学校は、先生がたが一生懸命なのは分かるが、親の気持ちを聞いてもらえない」と、転校を決意した。

つい、口をついて出てしまう「忙しい」ということば。「忙しくて、それどころではない」と、保護者には聞こえるのかもしれない。

保護者面談の進め方

保護者との面談はチームで

●学校が受け入れてくれる安心感

学校でトラブルがあるたびに、担任から連絡がくる。学校からのたび重なる電話は、保護者に強いストレスを与える。

個人面談で学校に行っても、あまり良いことは言われない。担任に悪気はないのだが、親にしてみれば、担任と接点を持つこと自体、だんだん憂《ゆう》鬱《うつ》になってくる。

このようなことを避けるためにも、保護者と面談をする際には、三名程度の教員がチームを構成するといい。担任のほかに、特別支援教育コーディネーターや、学校全体の事情を把握している教務主任などが加わることが望ましい。学校が組織として子どもを支えているのだという姿勢を、保護者に示すのである。

教師が連帯感をもって仕事をしている姿は、「ここに預けてよかった」という安心感を保護者に与える。

●六年間・三年間を通して

保護者との面談をチームで行うもう一つのメリ

ットは、引継ぎの問題がクリアできることにある。たとえば、三人の教師がチームを組むと、担任が替わっても、残りの二人が去年までの話を聞いていることになる。そうなれば、保護者は、新しい担任に気を遣いながら、毎年同じことを話さなくてすむ。それだけでも、親のストレスはずいぶん軽減できる。

面談をするときには目的を明確に

保護者との面談は、子どもが卒園・卒業するまで継続的に行われることもある。面談にあたっては、その都度、何をねらって話をするのかを明らかにしておきたい。面談の目的は、経過に応じて変化するが、おおかた次のような内容が考えられる。

●保護者の思いを受け止める

面談は、保護者の気持ちを受け止めることから始まる。家庭では、子どものことを思えばこそ、毎日付き合うしんどさがある。怒ったらいけないと分かっていても、ついついいらだってしまう葛藤。きょうだいのことも気がかりだったりと、心配事は尽きない。障害のある子どもをもつ親の悩みは、時に想像をはるかに超える。

「この先生は、親の気持ちを分かってくれる」という安心感を持ってもらえるよう、保護者のことばには、いつも耳を傾けていたい。

●子どもを理解してもらうための「大切な話」をする

子どもにとっていちばん近いところにいる大人が、その子のことをしっかりと理解し、その子がたどってきたありのままの生を認める。子どもがこの先を幸せに生きていくためには、それがどうしても必要である。扉のエピソードで紹介した祥一君のことを最もよく分かってくれていたのは、彼の両親だった。

「大切な話」とは、保護者に子どものことを理解してもらうための話である。保護者との面談では、

「大切な話」を核にしつつ、親が希望をもって子育てができるようお手伝いしたい。

事例（小一）
棒に振った一年間

裕輔君は、幼稚園のころから「ひどくわがままな子」で通っていた。担任は、何度か保護者にアプローチしたのだが、なかなか本題を切り出せないまま卒園になってしまった。

学校に上がったものの、友だちとのトラブルや暴言が絶えない裕輔君。見かねた担任が、学期末の学級懇談会の後、学校での一部始終を伝えた。「幼稚園では、そんなことはなかったのに…」と、母親はことばを失った。

自閉症が疑われる裕輔君なのだが、保護者はそれを容易に受け入れられなかった。個別的な支援の必要性を提案しても、すぐには了解が得られず、結局、裕輔君は一年間を棒に振った。

「大切な話」を先送りした結果だった。

園や学校での様子が、どうもほかの子とは違う「気になる」子ども。保護者に伝えても、「父親の小さいころもこうだった」とか、「家では何も困っていません」などと、あっさり片づけられてしまうことがある。だからといって、このまま保護者とのコンタクトを絶ってしまってはいけない。

●専門機関につなぐ

子どもによっては、専門機関に診断を依頼したほうがいいことがある。そういう場合、保護者には専門機関の機能について説明をし、教師とともに専門家の話を聞きに行ってもらうよう働きかけることになる。

もっとも、こうしたことを求める前に教師は、親が子どもの問題を理解することに対して前向きになれるよう、しっかりと保護者を支えておく必要がある。それがない段階で専門機関につなぐことは、様々なトラブルにつながる。教師の困り感だけで、安易に専門機関を紹介することは慎みたい。

●就学指導や進路指導をする

就学指導や進路指導を目的とした面談は、教師と保護者とのあいだで、子どもの問題を改めて確認する機会にもなる。

保護者によっては、子どもが通常の学級で無理をしていたり、傷ついたりしていることへの認識が薄い場合がある。子どもの実態に合った就学や進路について、いっしょに考えていきたい。

子どもの問題に理解が得られないときに

園や学校では気になることが多々あるのだが、保護者がなかなか理解を示してくれない。保護者がまったく気づいていないこともあれば、分かっていても認めたくないということもある。こんなとき、保育士や教師として、どのように保護者と話をしていけばよいのだろうか。

●子どもの「困り感」を話の切り口に

学校に呼ばれるだけで気が重いところに、子どもの問題行動をことさら強調されたら、保護者はやりきれない。保護者面談では、問題となる行動の背景にある、その子の「困り感」を話の切り口にするとよい。

例えば、授業中に大声を出す子ども、そのことが実際に授業の妨害になっていたとしても、それをそのまま保護者に話すのはまずい。保護者も、我が子がみんなに迷惑をかけていないか、とても気がかりなのである。

そうではなく、まずはその子がどうしてそうしてしまうのかを考えたい。周りの子どもと同じようにしたいのにうまくできず、いらだっているのかもしれない。無理をして、本人なりにずいぶん困っているのではないか。ともあれ保護者には、いつも子どもの身になって支援したいのだと伝えたい。

●支援の用意をしておく

「では、学校では何をしてくれるのか」と問われ、答えがないのはまずい。学校として実現可能な支援のプランを用意したうえで、保護者との面談日程は設定すべきである。

担任や支援者ができる配慮、校内の教員のやりくりによる「個別支援」、さらには通級指導教室の利用などについて、保護者が求めれば、すぐに情報提供できるようにしておきたい。

●親の努力を認める

保護者との話の中では、子育てのたいへんさが話題になることがある。そんなとき、これまで一生懸命育ててきた親の努力を認めると同時に、それが、今の子どもの姿に目に見える形で反映されていることを、保護者には伝えたい。

その子が素直で人なつこい子どもだったら、それは親が子どもを可愛がって育ててきたからであって、子育てには、これがいちばん大切なのだといった話をしたい。また、何事にも丁寧にふるまうのは、小さいころから親がそうさせてきたからなのだと、保護者のしてきたことを一つひとつ認めたい。親も、時には励まされなければやりきれない。

こうした話を繰り返すことで、保護者もだいぶ心を開いてくれる。我が子を冷静に見つめ直すためには、うち解けて話せる相手が必要である。

●定期的に話をする機会を持ち、先を急がない

学校での子どもの様子は、それを見ていない保護者にはなかなか伝わりにくいものである。家庭では問題を感じていない保護者の場合、それはなおさらである。

子どもの問題に理解が得られにくい保護者とは、月に一度、あるいは二か月に一度といった間隔で、定期的に面談を繰り返すことが大切である。何かあったときにだけ呼ばれるのでは、保護者もつらい。担任から「今月はわりと落ち着いていましたよ」と言ってもらえれば、保護者も少しはほっとする。そういう安ど感があってはじめて、学校でうまくやれていない我が子を受け入れられるよう

になる。

事例（小三）一年がかりでの面談

三年生になった香織さん。最近、ほかの子どもと同じようにできないといらだつことが多くなった。朝から調子の悪いときには、日に何度もパニックになった。知的には高い子どもなのだが、それでもかなり無理をしているようだった。

はじめての面談の席で、校長は、週に数時間、「個別支援」を受けることを勧めた。担任も、本人がしんどそうにしている様子を伝えた。

唐突な話に保護者は当惑した。もちろん、校長の提案はすぐに受け入れられるものではなかった。「隔離するようなことはやめてください。ご迷惑をおかけしますが、うちでも勉強はみますから、よろしくお願いします」と、父親は静かに語った。

本人のことを考えると、必要なときには取り出して支援をしたかった。一方、保護者を追い込むようなこともしたくなかった。校長は、時間をかけて話をすべきだと判断し、先を急ぐ担任を止めた。

繰り返される面談、ときには、気まずい雰囲気になることもあった。しかし、そういうときには、教師の方が変わる努力をした。

次回の面談予定を決めるときも、保護者をせかさぬよう配慮した。「次は○月○日にしましょう」と決めずに、「学校の様子もお伝えしたいので、二か月に一度くらいはこうしてお話しませんか。そのころになったら、また声をかけますので」と話して次につないだ。

面談を始めて一年、「この子のためになるのなら」と、保護者は「個別支援」に理解を示してくれた。教師も保護者も、ともに変わるための面談だった。

熱心な保護者の願いに応えきれないときに

すでに就学前に我が子に障害があることを知らされ、ショックを受けつつもひたむきに頑張ってきた保護者。そういう保護者であれば、学校への期待はとても大きいし、逆にその分、学校に対して不安や不満を感じることも多い。

●説明・説得は最小限に

保護者面談でやめてほしいことの一つが、学校の事情や教師の立場を必要以上に強調することである。

学校がたくさんの子どもを預かって教育をしていることや、現状の人手では十分な支援ができないことなど、保護者にも理解を求めたいことはある。しかし、そのような話は最小限に留めておかないと、保護者の気持ちはめげてくる。とりわけ、保護者が学校の対応に疑問や不信感を持っているときには、関係がますます悪化してしまう。

●教師が保護者以上に勉強する

保護者から、「専門機関ではこういう指導を受けているので、学校でもそのようにしてください」と依頼されることがある。もちろん、できる限りのことはしたい。しかし、担任一人の力では、できることとできないことがある。また、学級の事情によっては、かえってそれがマイナスに作用してしまう場合もある。

そうこうしているうちに、保護者との関係はぎくしゃくしてくる。保護者は、担任が話を聞いてくれないと悩み、教師は、保護者や専門家の言うことに振り回されているような気になる。

ここを切り抜ける方法はただ一つ。教師が、発達障害のことについて、保護者以上に勉強することである。「構造化・TEACCH」（2章コラム）、「応用行動分析（ABA）」（P.47—51およびP.90—92で用いられている手法）と聞いて、そんな専門的なことは分からないと言わないでほしい。ちょっと勉強すれば、すぐに理解できることである。「自分は専門でない」と思い込んでいる限り、いつまでたっても保護者との話はかみ合わない。

●個別の指導計画とサポートブックを協同で作る

子どもの教育支援に保護者とともに取り組むための具体的な手立てとして、「個別の指導計画」と「サポートブック」を協同で作ることを提案したい。

○個別の指導計画

教育支援を計画的に実施するためには、「個別の指導計画」を作成しなくてはならない。もちろん、就学前から卒業後までを見通した「個別の教育支援計画」もほしい。しかし、まずは当面必要な「個別の指導計画」から着手したい。

「個別の指導計画」は、教師の主導で作るものであるが、作成のプロセスでは、ぜひ保護者にも参画してもらいたい。支援の柱を設定するにしても、具体的な支援方法を検討するにしても、教師と保護者とで、納得がいくまで話し合いをしたい。

なお、「個別の指導計画」の作成方法については、第9章でとり上げる。

○サポートブック

障害のある我が子のことを、支援をしてくれる人に理解してもらうために、サポートブックを作ることがある。子どもの愛称から始まって、障害についての説明、そして我が子の行動の特徴とそれに応じた支援の手立てなどをまとめた、オリジナルな小冊子である。

教師が作成のイニシアチブをとる「個別の指導計画」に対して、「サポートブック」は、保護者が主体となって作るものである。もちろん、サポートブックに関する知識が保護者にない場合は、関係する資料を紹介するとよい（作成のポイントを、本章コラムに示した）。いずれにしても、サポートブックの作成に教師が参加することは、保護者とともに子どもを見つめる絶好の機会になる。

サポートブックは、担任間の引継ぎにも利用できるほか、進学先や就職先などへのつなぎの資料にもなる。教師と保護者との連携を、「個別の指導計画」や「サポートブック」といった、目に見える形で残す意義は大きい。

子育てのパートナーとして

保護者から学ぶ

保護者の話を聞いていると、発達障害のある子どもをもつ親の気持ちがひしひしと伝わってくることがある。また、親のひたむきさに頭の下がることも多い。大事なことを教えてもらったような充実感が、そこにはある（本章コラム）。

人と人との信頼関係は、互いが対等な関係で学び合うことによって築かれる。保護者との信頼関係が結べた実感が得られたときは、教師のほうが、保護者から学ぶものがあったと感じるものである。そしてそういうときには、保護者のほうも必ず何かを学んでくれている。

子育てのパートナーとして

就学や進路決定をはじめ、子どもの歩む道筋について差し迫った選択をしなくてはならないときに、「最終的には、保護者の方が決めることですから」と告げるのは、いささか酷な気がする。家族でよく相談して決められればよいのだが、そういう人ばかりではない。

教師は、判断材料をできるだけ多く準備したうえで、「いっしょに考えていっしょに決めましょう。もし、途中でうまくいかなくなったら、そのときは、また検討しましょう」という姿勢で面談に臨むのがよいと思う。子育てのパートナーとして、子どもの将来をともに支えることのできる教師になれたらすばらしい。

Column

サポートブック作成のポイント

●サポートブックとは

障害のある我が子がよりよい支援を受けられるよう，支援者（学校や福祉施設の先生，ボランティアの人たちなど）に向けて作るオリジナルな資料です。

●誰が作るか

保護者が中心になって作ります。学校の先生の協力を得ることもあります。

●はじめて作る人へのアドバイス

①読んでもらう（使ってもらう）「読者」を具体的に想定します

子どもが小学生ならば，担任の先生や放課後児童クラブの先生。中学校になったら，学級担任と教科担任の先生に向けて。ただし，教科担任の先生には，一枚ものの「サポートカード」を渡したほうがよいかもしれません。授業の中で予想される我が子の状態と支援の手立てを，教科ごとに簡潔に整理しておきます。

「読者」の顔を思い浮かべ，語りかけるように書くのがポイントです。

②はじめから立派なものはできません

使ってくれた支援者の人から意見を聞き，たえずバージョンアップしていくのがサポートブックです。子どもの成長にあわせた改訂も必要ですし，まずは「暫定的に」作ってみましょう。「その時点で最良なサポートブック」ができればよいのです。

③サポートブックで支援者を縛ってはいけません

サポートブックは，子どもの情報提供をするためのツールに過ぎません。書いた通りにやってもらうよう，学校の先生などに要求してはいけません。

●サポートブックに盛り込むことは

①本人のプロフィール

氏名・愛称・生年月日と年齢・住所と連絡先・所属学校・学年および担任氏

名・持病・血液型

②本人の障害についての説明

たとえば,「高機能自閉症」についての一般的な解説を,手短にまとめて示します。

③子どもの状態と支援の手立て

我が子の状態と支援の手立てをセットで書くことが基本です。本人の「困り感」が生じそうな場面や,支援をする人が戸惑いそうな場面を思い浮かべ,たとえば次のような項目を設定して書き込んでいきます。

・コミュニケーションおよび対人関係
・基本的生活習慣
・得意なこと・苦手なこと
・学習面について
・社会性について
・パニックの原因と対処法

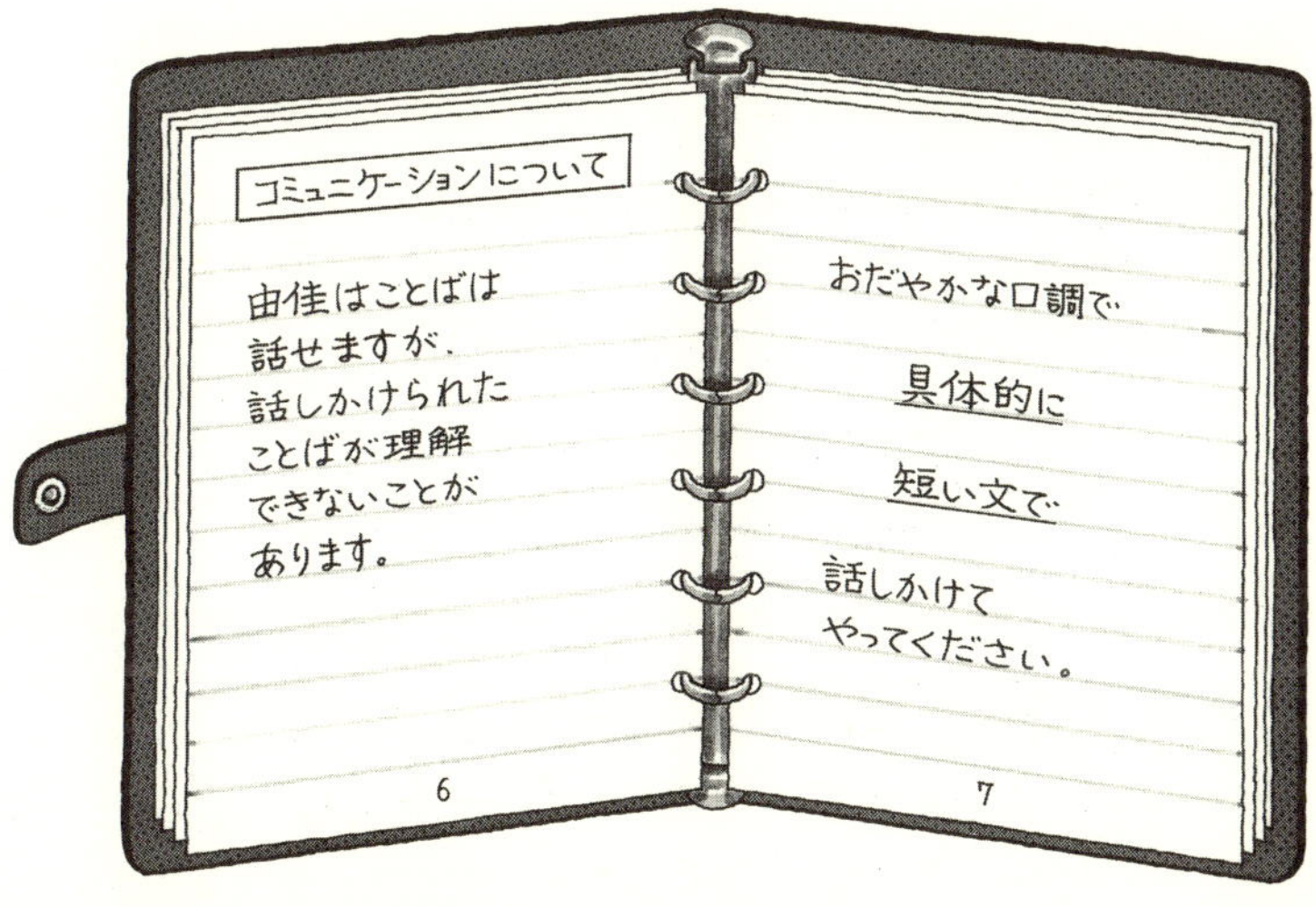
コミュニケーションについて
由佳はことばは
話せますが,
話しかけられた
ことばが理解
できないことが
あります。
おだやかな口調で
具体的に
短い文で
話しかけて
やってください。
6
7

サポートブックの例

Column

親から学んだ子育てのヒント

●「勤勉性」を育てる

事例（小５）親と子どもとの駆け引き

小学校５年生の孝弘君は，学校から帰ると，ここのところ家の手伝いを頑張っている。母親が，彼の働きをポイント制にしたからである。１ポイント１円で，たとえばふろ洗いや洗濯物たたみをすると５ポイントシールがもらえる。ただし，悪いことをすれば，減点もあるということにした。１か月単位で集計して小遣いが出るシステムである。孝弘君は，その小遣いでどうしても買いたいものがあったのだ。

ところで，どこの家でもそうだが，こういうやり方をとり入れると，しばらくはうまくいくものの，そのうち子どものやることがいい加減になってくる。手立ての「賞味期限」を越すと，こうなる。洗濯物のたたみ方が雑だと，母親は，「あんまりひどいと，ポイントがつかないよ」と注意した。

何度もそういうことはあった。しかし，母親は「我慢」した。「最近は，私の帰りが遅いときに，洗濯物をたたんでおいてくれることもあるんですよ。だから，ここでやる気を失わせたらいけないと思って」と，ペナルティをできるだけ避けている理由を語ってくれた。

そんなある朝，登校前にちょっとしたことで母親と口論になった。かっとなりやすい孝弘君は，勢いあまって母親をけってしまった。その場はなんとかしのいだのだが，母親はどうしても収まりがつかなかった。学校に送り出した孝弘君の姿が見えなくなると，シールを２枚はがしてしまった。

学校から帰るなり孝弘君は，ポイントカードを見に来たそうだ。母親は，「心配そうに見ていました。それで，『やっぱりか』という表情をしていました。少しは親の気持ちが通じるようになったのでしょうかね」と，そのときの様子を話してくれた。

昨日できたことが今日もできるとは限らないのが子どもである。親が努力をしても，その成果はそうすぐには現れない。

なかなか先に進まないと，つい口うるさくなってしまうが，それがいちばんいけない。親が何を期待しているのかを伝え，ときには大目に見ながら，日頃の生活でできそうな役割を繰り返し実行させる。あなたでなければだめなのだという役割があればなおいい。

こうして，ゆくゆくは社会の期待に応えて堅実に働く「勤勉性」を，子どもに育てたいのである。

●「社会性」を育てる

事例（小４）生活すべての場で社会性を教える

４年生になる敦夫君は，２年前に高機能自閉症と診断された。知的には相当高い子なのだが，彼の振る舞いを見ていると，やはりちょっと違和感がある。

大学の構内を歩く敦夫君は，ふつう大人が気づきもしないようなメーターやスイッチを目ざとく見つけては触りに行く。母親に「触っていけないものは？」と言われると，「見るだけ」と答え，触りたいのを我慢している。

しばらくして戻ってきて，学校の話を始める。彼の通う学校のことを知らない人には伝わりにくい話である。「あなたの話は長いんだよね」とため息をつきつつも，母親は，「先生は，誠也君のことを知りません。誠也君は今どこにいるのですか？」と説明を求めた。敦夫君は，「福岡に転校しました」と答え，再び話を続けた。４年生ともなれば，聞き手に伝わる話をする練習が必要である。

この日は，お昼時にやってきた敦夫君。食事がすんでいないということだったので，持ってきたパンを別室で食べてもらうことにした。ずいぶんお腹も空いたろうと，敦夫君には「どうぞ」と声をかけた。母親の方をちらりと見て，どうしようかという仕草をみせた敦夫君に，母親は，「よそのお家でごはんを食べるときは？」と返した。敦夫君は，思い出したように「ここで食べていいですか？」と尋ねた。

そう言える敦夫君にも感心したが，そういうことをコツコツと教える母親には，頭が下がった。


発達障害のある子どもの社会性を育てようとする場合，一つには，彼らの一見奇妙にみえる行動を，より適応的な行動に置き換える必要がある。

もう一つ大切なのは，社会がその年齢の子どもに期待する，欲を言えば，それにプラスアルファくらいの振る舞いを教えることである。周りの大人から，「しっかりしているね」とほめてもらえるような子どもに育てたいからである。保護者も，そう言われたらうれしいに違いない。

第8章

周りの子どもとその保護者への対応

4年生の真二君のクラスでは，学期に何度か「漢字三日場所」が開催される。各自が目標を決め，はじめはグループ単位で，最終的にはクラス全体で目標が達成できるよう，努力させるのである。

ところで，真二君といえば，漢字が書けないわけではないのだが，覚えることがなかなかできない。

そんな彼には，回を重ねるごとに，仲のよい友だちや同じ班の子どもたちから，「がんばろうな」の一声がかかるようになった。また，授業の前には，真二君を囲んで特訓する姿もあった。そのかいあって，真二君は三日目にして目標をクリアした。

自信のない子どもが，目標点を突破したときの喜びはとても大きい。そして，本人もさることながら，それを自分のことのように喜んでくれる仲間がいた。

その日，真二君の日記には，「みんながいたからがんばれた」とあった。

発達障害のある子どものことを、クラスの子どもたちやその保護者に理解してもらうためには、どのようにしたらよいのだろうか。また、障害のある子どもを巡るトラブルが発生してしまったときに、クラスの保護者にはどんな点に気をつけて対応したらよいのだろうか。

この章では、こんな疑問に答えたい。

周りの子どもに対して

どの子も満たされる学級づくりから

月並みな言い方になるが、大切なことは、発達障害のある子どもに限らず、周りの子どもも含めてどの子にも満足感のある学級づくりをすることである。子どもたちに満足感がある学級には、支持的な風土がおのずと育つ。

扉のエピソードで紹介した真二君のクラスでは、子どもたちの表情に確かな満足感があった。それは、自分で頑張ったことが、クラスの仲間に認められているという満足感だった。

「なんであの子だけ？」という問い

保育園や幼稚園でよくある、「なんで○○ちゃんだけ…なの？」という問いにはどう答えたらよいだろうか。

まず、どんな問いにも「誠実に」答えたい。また、そういう問いを発する子どもの「気持ち」に対して答えることも大切である。子どもによっては、発達障害のある子どもがしてもらっているのと同じようなかかわりを求めている場合がある。いくつか例を挙げてみよう。

例1＝保育園の四歳児「なんでしんちゃんは、ごはんをこぼすの？」

子どもの目から見て不思議に思えるのかもしれない。たとえば、「しんちゃんは、こぼさないように練習しているところなのよ。早く上手になるといいね」と、誠実に答えたい。

例2＝保育園の五歳児「なんでけんちゃんだけシールを二つ貼るの？」

自分と違うのはなぜだろうという、素朴な疑問である。一方で、「なぜ自分にはもう一つ貼ってくれないのかな、私もほしいな」という気持ちが込められていることもある。子どもの目がそう語っているときには、「あいちゃんも二枚ほしい？」と、さりげなくきくとよい。

クラスの子どもたちへの説明

●「差別」に対する教師の姿勢を示す

小学校も中学年以上になると、子ども同士がグループ化するようになる。グループ化がいけないのは、それが排他的なムードを作りやすいからである。自分たちと「同じ」ことを意識するあまり、自分たちと「異質」なものを排除する。これが、差別の始まりである。

一方、中学生のあいだで「しんしょう」ということばが行き交うのを、ときどき耳にする。決してふざけ半分とは言えず、言われた子どもにとっては、いじめ以外の何ものでもないような使われ方をしている。

差別的な行動や言動に対して、教師は毅然とした態度をとるとともに、それがどんなに人を傷つけるものなのかを、ことあるごとに教えていかなくてはならない。人権への意識は、そう簡単に根づくものではないからだ。

●「困り感」への共感

発達障害のある子どもへの理解を促すためには、その子の抱く「困り感」に焦点を当てた説明をすると分かりやすい場合がある。自閉症などの発達障害に比べ、肢体不自由や視覚障害といった障害のほうが理解しやすいのは、歩けないとか目が見えないとかいうことで、その人がどう困るのかが、ある程度想像できるからである。

発達障害のある子どもの「困り感」は、どの子でも多かれ少なかれ体験したことのある「困り感」である。それだけに、子どもたちの身近には、共感できる例がいくらでもある。

例1＝かぜで学校を休んで一週間ぶりに登校したら、みんな図工の作品が仕上がっていた。自分だけがまだ途中で、取り残されてしまった。いつもこんな思いをしている子がいるということを分かってほしい。

例2＝自閉症の子どもは、特定の物音に耐えられなかったり、わずかな汚れが気になってしかたなかったりする。そんなささいなことと思わないでほしい。だれだって、ほかの人にはどうでもないことが、自分だけはどうしても嫌だということがある。

例3＝転校してきたばかりのときに、何をどうしていいのか分からずに困惑する。発達障害のある子どもは、これに似た状況にしばしば置かれている。周りで何が起こっているのかが理解できないと、とても不安になる。

こんな話題を通じて、障害のある子の「困り感」を自分のこととして感じ取れるようにするとともに、子どもたちがお互いの「困り感」を理解し合えるような学級風土を培いたい。

●ハンディがあるという説明

発達障害のある子どもは、周りの子どものちょっとしたからかいのことばによって、ひどく傷つくことがある。本人からすると、それは明らかに「いじめ」なのである。

一方、発達障害のある子どもへの個別支援に対

表1　クラスの子どもたちへの説明

今それをすべきかどうかよく考える

まずは，説明を行う「必然性」を確認したい。

本文でも述べたような，いじめ，あるいは特別支援に対する周りの子どもたちの不満といった問題が，発達障害に関する説明をすることによって，解決する見込みがあるのかどうかである。

また，クラス内でのトラブルが多発しているときや，説明をすることに関して，本人と保護者に迷いがあるときには，しばらく待ったほうがよい。

目的を明確にする

説明をする必要があると判断されたら，その目的を明文化しておきたい。目的は，できる限り具体的な方がよい。

たとえば，①宿泊学習に出かける際，本人に教員が一人つく理由を生徒に理解させる，あるいは，②周りの子どもたちから悪質なからかいを受けた際に，二度とそのようなことがないよう，本人のつらさや「困り感」を生徒に理解させる，といった目的である。

説明の対象を誰にするか

クラス全体に向けて説明をするか，特定の生徒だけを対象にするかは，説明の目的による。前述の①であれば全体に，②の場合ならば，かかわりのあった生徒だけということになるかもしれない。

障害名を出すか出さないか

障害名を出して説明をするとすれば，本人への障害告知の問題が浮上してくる。また，出さずに説明するときには，本人の「困り感」を生徒が理解できるような工夫が必要である。

いずれを選択するかについては，本人と保護者の意向に加えて，学級の風土や地域性なども考慮して判断することになる。

説明のときに本人が在席するかどうか

説明する内容を本人によく伝えた上で，本人の意思を尊重したい。

在席する場合，本人がうまく伝えられないのを教師が代弁するのだということ，また自分のことなので本人からは言いにくいのだということを，あらかじめ生徒には話しておきたい。

また，話の最後には，クラスの仲間が話を聞いてくれたことに対して感謝の意を表す発言を，本人から直接させられるといい。準備をしておいた原稿を読むのでもかまわない。理解のある生徒たちには，本人の気持ちがよく伝わる。

教師がチームで取り組む

校長の了解のもと，教師がチームで取り組まなくてはならない。

説明の内容と手順について周到な準備をする

①できる限り，専門家の意見を求める

②説明の内容を吟味する

「このようなハンディ（または「困り感」）があるので，このように接してほしい」というのが，説明の基本的な枠組みである。

ハンディについての説明では，その子の問題を「ハンディ」という視点から捉えることができるのだということを伝える。さらに，ハンディが，周囲の無理解によって深刻になること，それゆえ適切な配慮が必要であることを強調する。

分かりやすく話すためには，学校生活のさまざまな場面における具体例を書き出し，説明に使うのにふさわしい題材を精選するとよい。また，サポートブック（7章コラム）があれば，参考にしたい。

③だれが説明するのかを決める

生徒との信頼関係が保たれている教師が行う。そうでないと，逆効果になる。外部の専門家を依頼する場合もある。また，本人の保護者が，直接生徒に語って聞かせた例もある。

④説明の原稿は必ず用意する

支援チームで読み合わせをした後に，保護者や，専門家にも読んでもらうとよい。

クラスの保護者にも説明をする

生徒に説明する目的と内容は，事前に保護者会で伝えておくと安心である。説明があったことを子どもから聞くと，一部の保護者は，何かあったのではないかと不審に思うことがある。

説明に対する生徒の反応を確認する

説明が終わったら，生徒には感想と質問を書いてもらう。どんなに準備をしても，ことばが足りずに誤解を生んでいることがある。また，説明に理解を示し，すぐに実行に移してくれた生徒には，教師や親から感謝の気持ちを伝えたい。

説明を聞いて反発を感じる可能性のある生徒への対応をあらかじめ考えておく

中には，冷ややかな反応を示す生徒や，「こんな話のために，50分も付き合わされて腹が立った」と，反発する生徒もいる。この子たちへ対応は，とても大切である。

説明をした後の本人へのフォローが重要

説明をしたことによって，それまで自然に付き合ってくれていた生徒の接し方が，微妙に変化することがある。ちょっとした変化に敏感なこの子たちである。本人に混乱が生じていないか，注意深いフォローが必要である。

して、一部の子どもが不満を漏らすことがある。「なんであいつにだけ先生が一人つくんだ」と露骨な言い方をする子どもさえいる。

　このようなことがたび重なるときには、発達障害というハンディについて、クラスの子どもたちにきちんとした説明をしておいたほうがよい場合がある。説明の内容と方法については、個々のケースに応じて慎重に検討する必要があるが、筆者の経験からすると、少なくとも〈表1〉に示したようなポイントはおさえておくべきだと思われる。

　なお、子どもたちへの説明の時期は、早くても小学校高学年、一般的には中学校以上だと考えてよいだろう。

クラスの保護者に対して

学級懇談をもつ

●学級懇談をもつ

　入学や新年度を迎え、発達障害のある子どもの保護者が、我が子を理解してもらいたいと、保護者会での説明の機会を求めることがある。一方、授業中に立ち歩いたり、乱暴な振る舞いをする子どもに対して、一部の保護者から、遠回しながら苦情めいた話を聞かされることがある。

　いずれの場合も、必要とされたときにはできるだけ早い機会に、その子の理解を得るための懇談をもちたい。

●発達障害があることをどう伝えるか

　保育園・幼稚園や小・中学校の保護者の大半は、「発達障害」といったことを知る機会がほとんどないと言ってよい。そういった保護者に、発達障害

表2　保護者会資料 発達障害がある子どもの「困り感」

（子どもの「困り感」の一般的特徴については，第１章を参照）

「発達障害」とは何か

保育園・幼稚園や小・中学校に通っている発達障害のある子どもは，「障害」があることを，周囲の人たちから理解してもらえないことがしばしばあります。

しかし，この子たちは，医療機関で，「ＬＤ（学習障害）」「ＡＤＨＤ（注意欠陥／多動性障害）」「高機能広汎性発達障害（高機能自閉症やアスペルガー症候群がここに含まれます）」といった診断を受けています。日本では，通常の学級に在籍する子どもの約６％に発達障害があるか，またはその疑いがあると推定されています。

発達障害とは，子どもの脳の特性が原因で起きる発達の偏りです。子育ての失敗や不適切な養育環境によって引き起こされるものではありません。ここが，いまだに誤解されているところです。親が悪いわけではないし，まして子どもにはまったく責任がありません。

発達障害のある子どもに特有の「困り感」

ところで，発達障害のある子どもは，その障害に特有の「困り感」を抱いています。これを知ることが，この子たちを理解する一番の近道です。

ＬＤの場合

学習障害のある子どもの中には，お手本の文字を書き写すのに、たいへんな苦労をしている子がいます。自分では，精一杯書いているつもりなのに，写している途中で何を書いているのか分からなくなってしまうのです。

絵の苦手な人だと分かると思いますが，子どもに頼まれてキャラクターの絵を描かされるときに，手本を見ながら描くのだけれど，どうしても形がいびつになってしまうことがあります。学習障害のある子どもは，簡単な漢字を書き写すにしても，こんな思いをしているようなのです。

ＡＤＨＤの場合

とにかく気が散りやすいのが，ＡＤＨＤの子どもです。プリント1枚を仕上げるにしても，その途中で何か物音がしたり，ふと何かが頭に浮かんできたりすると，それが気になって作業が中断してしまいます。「気になる」というより，そういう刺激から，うまく逃れられないと言ったほうがいいかもしれません。

気がつくと、周りの子たちはみんな終わっていて，自分だけやりかけのプリントが机の上に残っているといった具合です。しなければいけないと分かっているのに，いつも最後まで仕上がらない。しかも，そのことを非難されて，ますます自信を失っていくのがこの子たちなのです。

高機能広汎性発達障害の場合

本人が話す内容は比較的しっかりしているのですが，その割には，周りの人が伝えようとしていることが，思わぬところで理解できていません。

自宅にかかった電話を子どもが受けることがあります。電話口の相手が「お母さんはいますか？」と尋ねるのに対して，その子は，「はい，います」と答えたまま，黙って受話器を握り続けているのです。替わってくれる気配がなくておかしいと思った相手が，「もしもし？」と呼びかけると，すかさず「はい」と返事をします。

電話の相手も困惑してしまうのですが，お母さんに替わってほしいという話し手の意図がつかめない本人は，どうすべきか分からずにとても困っているのです。

に関する正しい認識をもってもらうために、筆者は、子どもの「困り感」を切り口にした説明を試みている（表2）。

●理解のある保護者の支え

クラスの中には、事情をよく分かってくれる保護者も少なくない。自分がその子の親の立場だったら、あるいはうちの子どもも育てにくい子だったと、親身になって考えてくれる保護者にはとても助けられる。

子どもに発達障害があると、親の話し相手が限られてくることがある。こういう時代なので、たしかに親同士のつき合いも難しい。しかし、親の苦労、きょうだいのことや、学校のことなど、親同士でないと分かり合えないことはたくさんある。少し話をするだけで、ずいぶん楽になれるのは、誰でも同じことだと思う。

発達障害のある子どもの子育ては、家族だけでは限界に達することがある。理解者を増やし、親を一人にしないこと。学級懇談の目的はそういうところにある。

トラブルになってしまったときに

クラスの保護者とのかかわり方が難しくなるのは、何と言っても、発達障害のある子どもを巡るトラブルが起こってしまった場合である。そのようなときに、最低限配慮しておきたいことがらを以下に示した。

●チームで対応する

学級内でのトラブルだということで、担任が一人で解決しようとしてはいけない。学級懇談を開催するにしても、トラブルになった子どもの保護者と面談をするにしても、教員がチームを組んで取り組まなくてはならない。

●周到な準備が必要

トラブルが発生してしまったときに、臨時のクラス懇談を開くことがある。このような懇談会では、あとになって配慮が足りなかったと後悔せずにすむよう、少なくとも、想定される質問に対する答は用意しておきたい。

たとえば、我が子に障害があることを知らされ、まだ十分に気持ちの整理ができていない保護者に向けて、ある保護者が「○○さんの子どもさんは、どこか悪いんですか？」というようなことを言ったとしたら。このようなときには、「子どもさんのことは、○○さんが今、専門の先生に相談しています。○○さんとよくお話して、皆さんにお伝えしたほうがよいときには、改めて懇談の機会を設けます」と、はっきりとしたことばで答えたい。

保護者の疑問に耳を傾けつつも、一歩間違えると、人権問題にも発展しかねない発言には、とりわけ慎重な対応が求められる。

●保護者同士の直接交渉は避ける

トラブルが起こったときに、もっとも問題をこじらせるのが、当事者となった保護者同士の直接交渉である。まして、双方の保護者を校長室に呼んで事情を聞くといったやり方は、絶対にやめてほしい禁じ手である。こういうことをすると、発達障害のある子どもの親が一方的に責められたり、ことによっては、互いがののしりあったりすることになる。

また、そんなときに、安易に学校が「仲裁」に入ると、学校に対する不信感が吹き出してしまい、どうにも収拾がつかなくなる。学校は、争いごとの「仲裁」をする立場にはない。

トラブルを解決するためには、教員がチームを組み、それぞれの保護者と別々に面談をすべきである。親が謝罪の電話を入れたほうがよい場合には、学校からそう促すとともに、しっかりとその後押しをしたい。また、一方の保護者が激高して、相手をひどく責め立てるような場合には、「これは学校での出来事ですので」と、学校の責任で問題を解決する旨を伝え、納得してもらえるまで粘り強く話を続ける必要がある。

第9章

組織的支援の手続き

運動会前のあわただしい時期のこと。昼休みに職員室前の廊下ですれ違った教師から，「この間はお世話になりました」と声をかけられた。「その後，どうなりましたか？」と，子どものことで立ち話が始まった。

通りがかった教師が，何人か話に加わってきた。こんな場所ではなんだからと，そのまま職員室の片隅に移動して，ミニケース会になった。

岡山市立Ｓ小学校では，よく見かける光景である。どこにでもある中規模の小学校だが，個別支援には以前からたいへん熱心である。１年間に開かれるケース会は，正式なものだけでも１００回を超える。

「Ｓ小学校の子どもは，職員全員で育てる」ことがあたりまえになっているこの学校。子どもの話となると，さっと人が集まる。かつて，生徒指導で苦労した時期を乗り越えてきた教職員がつくり上げてきた風土なのだという。

これを持続させるための努力が，今，Ｓ小学校では続けられている。

発達障害のある子どもを支援するために、校内の支援体制づくりに向けた取り組みが、各地で進められている。

最終章では、小・中学校において組織的な支援を推進する際の、具体的な手続きを示すことにする。また、章末では、小学校で展開されている組織的支援の事例を、いくつか紹介したい。

組織的支援に着手する

〈図1〉は、学校で行う組織的支援の流れを、単純に図式化したものである。

支援が必要な子どもへの「気づき」が、組織的支援の出発点である（「気づき」の段階）。

校内委員会では、実態把握によって取り出された子どもについて、支援の方向性が決められる。多くの場合、校内委員会だけで細かな計画まで検討することはできないので、個々の子どもについてのケース会を別にもつ必要がある。個別の指導計画や個別の教育支援計画は、この段階で作成することになる（「計画」の段階）。

図1　組織的支援の流れ

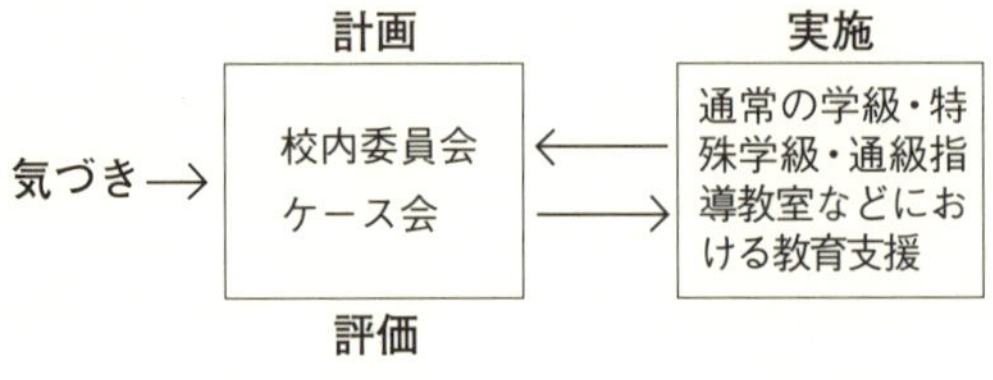

こうした計画に基づいて、教育支援が実施される（「実施」の段階）。支援の結果は、校内委員会やケース会で評価される（「評価」の段階）。
モデルとして示すのは、とても簡単である。しかし、実際に取り組もうとすると、どこから手を着けたらいいやら、困惑するばかりだと思う。そういうときには、ともかく「できるところから始める」しかない。

校内の子どもの実態を把握する（「気づき」の段階）

支援が必要な子どものエントリー

校内委員会に子どもの名前があがってこなければ、組織的な支援はスタートできない。支援が必要な子どもを、まずはエントリーさせる必要がある。目下のところ、校内委員会の一番大きな役割はここにある。

校内の子どもの実態を把握するためには、担任からの情報収集が不可欠である。気になる子どもについては、「個別の指導計画」の書式（本章表2）に、埋められるところだけを書いて提出してもらうとよい。

授業公開を活用する

学校全体の子どもの実態把握をするためには、教師間での「授業公開」を活用するのも一つの方法である。授業を公開するときには、座席表を用意し、気になる子どもについて、簡単な情報を記入しておく。「授業公開」に、特別支援教育の視点を取り込むのである。

特別支援教育コーディネーターはもちろん、全校の職員が教室での子どもの実態を見ておくことは、組織的支援には欠かせない。子どもを囲んで、その子の問題を教員が共有するのである。

このような取り組みを続けていくと、それまで発達障害に関する知識が全くなかった教員にも、子どもの問題に気づく目が養われる。

組織的支援を計画する（「計画」の段階）

校内委員会を組織する

特別支援教育に関する校内委員会を構成する方法は、大きく分けると二通りある。

一つは、生徒指導や教育相談といった、子どもの教育支援を行う従来の枠組みを活用し、そこに「発達障害」という視点を取り込んで再構成する方法である。これを、「包括型」の校内委員会と呼んでおく。もう一つは、「発達障害」の問題に対応するために新たに組織する方法で、こちらは、「独立型」の校内委員会と呼ぶことにする。

実際には、「包括型」と「独立型」とを折衷させた委員会を構成することがあると思うが、ここでは、校内委員会を作るための「考え方」として、二つの型があるのだと理解してもらいたい。

●「包括型」の校内委員会

「包括型」では、「生徒指導部会」や「教育相談委員会」といった、子どもの問題を検討する場が、基本的にはそのまま活用される。校務分掌上は、たとえば「生徒指導部会」（特別支援教育校内委員会を兼ねる）としたり、あるいはそれに「教育支援委員会」といった名称をあてたりする。

「生徒指導部会」や「教育相談委員会」は、子どもが学校で抱いているさまざまな「困り感」に対応する場だと考えていい（図2―1）。子どもの「困り感」を見落とさないようにするために、教師は、友人関係や家庭環境をはじめ、様々な視点から子どもの問題をみていく必要がある。ここに、「発達障害」という視点を加え、子どもの問題を包括的に検討しようというのが、「包括型」の校内委員会である（図2―2）。

●「独立型」の校内委員会

「包括型」の場合、発達障害にかかわる問題に費やす労力が大きくなると、委員会の仕事が肥大化してしまう。学校全体の校務分掌のバランスが崩れる恐れがあるときは、「独立型」の校内委員会を別に設置したほうが望ましいこともある（図2―3）。

しかし、「独立型」の校内委員会は、関連するほかの委員会とメンバーが重なりやすいため、委員会の開催自体に無理がかかる。校内委員会は、最低月に一度程度はほしいのだが、「独立型」では、それがとうてい不可能な学校も出てくる。

そうした学校では、校内委員会の不足分を、「企画委員会」とか「運営委員会」といった、校内委員会とメンバーが重複する会議で補うような方法

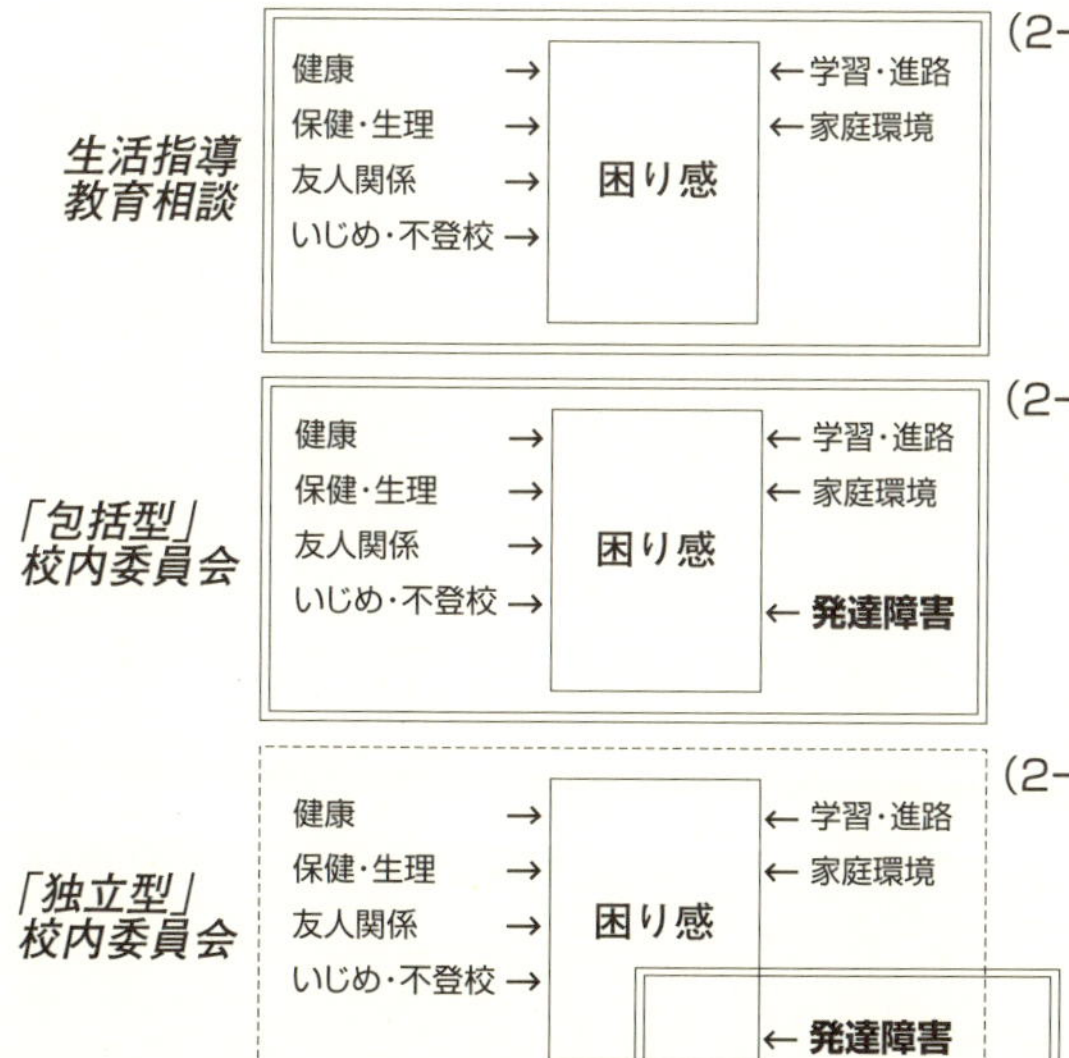

図2 「包括型」校内委員会と「独立型」校内委員会

を便宜的にとり入れたりしている。ただし、このような場合、校内委員会が形式化しないよう、十分注意しなくてはならない。

ケース会を開く

校内委員会では、支援の方向性だけを決め、具体的な手立てはケース会で検討するというのが一般的なやり方だろう。また、緊急度が高い子どもについては、ケース会を先行させてもよい。あまり手順にとらわれず、必要のあるところから着手したい。

とは言え、ケース会を開くこと自体、はじめてだという学校もあるだろう。〈表1〉にケース会を開くにあたって、留意すべき点をいくつかあげた。

個別の指導計画を作る

はじめて作る個別の指導計画は、できるだけ簡便なものがよい。ここでは、指導計画を作るときのポイントと、その活用の仕方について解説する。

●保護者との共同作業で

個別の指導計画は、子どもの問題を保護者と共有するための媒介になるものである。作成のイニシアチブは、教師がとるべきだが、そのプロセスでは、つねに保護者の参加を得たい。

●個別の指導計画の作成方法

〈表2〉に示したように、個別の指導計画は、①子どもの実態、②支援の柱、③支援の方法、④評価の四つに分けて書く。

①子どもの実態

学習の欄は、特記する内容がある教科についてだけ書き込むのでもかまわない。生活面では、部活などの放課後活動や登下校に関しても、気づいたことがあれば記入する。家庭での生活も、把握しておきたい。家庭生活のチェックリスト（表3）を使って評価したり、戸外での行動範囲と活動内

表1　ケース会の持ち方

ケース会の目的

目的は二つある。一つは，対象となる子どもをさまざまな視点から理解すること。もう一つは，それに基づいて教育支援の手立てを考えることである。

ケース会の準備

「個別の指導計画」の書式があれば，さしあたり担任が埋められるところを書いておいてもらうとよい。書式を作っていない場合は，Ａ４で１枚くらいの分量で，これまでどういうことをやってきて，どうだったのかということを，まとめてもらうといい。

メンバー

学年団を基本的な単位にする。これに，特別支援教育コーディネーターと，学校全体の事情を把握している教務主任または生徒指導主事が加わるとよい。必要に応じて，養護教諭や前担任などに参加を依頼したい。

時間・頻度

「一回３０分を，必要に応じていつでも」を目指したい。必要なときにすぐに集まることが重要である。

何らかの結論を出して終わること

会議は，何かを決めて終わらないと，何のために集まったか分からなくなってしまう。ケース会が長続きしなくなる原因はそこにある。

専門家を呼んだケース会の席で，「学校だけでは，どうしたらいいか決められない」と嘆く教師もいる。たしかに，専門的な立場からのアドバイスがあるのとないのとではずいぶん違う。しかし，そのことを理由に，ケース会で何も決められないというのはまずい。

発達障害のある子どもの具体的な指導法もたくさん提案されているのだし，教師が集まって知恵をしぼれば，そう簡単に手詰まりになることはないはずである。

表2　個別の指導計画

個別の指導計画
児童氏名　J児　　　2年　3組（　　学級）　記入日　　　年　5月10日

①子どもの実態			
	学習	国語	話を聞けるようになった。自分で考えて書く課題は難しい。
		算数	計算は速い。ただし,学習内容によってムラがある。
		生活	興味のあることに関しては,驚くほど知識が豊富である。
		図工	やることが分かると熱心に取り組む。独創的な作品を製作する。
		音楽	音楽室の授業のときに立ち歩きが目立つ。教科の中では一番落ち着かない。
		体育	着替えにつまずくと参加できない。球技にはよく参加する。
	生活	登校／朝	朝早く登校する。準備は声をかけるとできるようになった。
		休憩時間	友だちと遊べている。上級生の言うことはなぜかよく聞く。
		給食	穏やかに過ごす。汁がこぼれてパニックになったことが一度だけあった。
		帰り	連絡帳を書くようになった。翌日の予定がいくらか頭に入るようになった。
		放課後	児童クラブで,友だちとのトラブルがときどきある。
		下校時	友だちについていってしまい通学路をはずれることがある。
	家庭での生活		毎日2時間以上ゲームをしている。
	診断・諸検査等		高機能自閉症。WISC－Ⅲ:VIQ89,PIQ99,FIQ93。
	その他		A病院で投薬を受けている。

②支援の柱（子どもにつけたい力）
1.見通しをもって,一日の生活をする
2.学習規範を身につける
3.授業中に,自信をもって参加できる活動を増やす
4.いろいろな活動に楽しく参加できるようにする

③支援の方法				
	支援体制	支援体制　火・木・金の午前中,教育補助員が入る。それ以外の時間帯は,職員室へのインターホンで対応。拡大学年会を単位としたケース会を隔週で行う。		
		方針		支援者
	支援の手立て	1.朝のスケジュール確認 2.授業の空白を埋める工夫 3.「がんばりカード」の活用 4.新しい活動の前には,予告・リハーサルをする		養護教諭・保護者 担任・教育補助員 担任・教育補助員 担任・保護者
	家庭との連携	毎日の連絡	「がんばりカード」による伝達。翌日の活動の予告を依頼	担任・養護教諭
		定期面談	当面,保護者との月一回の面談。家庭生活へのアドバイスも必要である	担任・主任・教務・養護教諭
	専門機関等との連携	通級指導教室との定期的情報交換。A病院へ訪問。B先生の巡回相談		担任・ コーディネーター
	行政等との連携	市教委指導課・児童相談所		教務

④評価

表3　家庭生活のチェックリスト

朝起きて，学校に行くまで

□目覚まし時計で起きる

□朝の支度をする（洗面をする・着替える・朝食をとるといった一連の行動が手際よく時間内にできるか，毎朝同じようにできるか）

□朝の手伝いをする（ゴミ出しなど）

□登校の準備をして時間通りに家を出る（身だしなみを自分でチェックできるか，気候に合わせて着ていく服を調節できるか，忘れ物のチェックは自分でするか，必要なときに雨具を持っていくか，行き渋りはないか，毎朝機嫌よく家を出ているかなど）

学校から帰って寝るまで

□学校から帰ってすぐにすべきことを自分からする（手洗い・着替え・配布物を出すといった一連の行動が手際よく時間内にできるか，毎日同じようにできるか）

□遊び時間を適切に過ごす（遊ぶ友だちはいるか，それはだれか，行き先は分かっているか，何をして遊んでいるか，トラブルはないか，危険なことをしていないか，お金の使い方は適切か，買えないはずのものを持っていないか，よその家や人に迷惑をかけていないか，行ってはいけないところに出かけていないかなど）

□外に遊びに出たときは，決められた時間に帰宅する（時間を確かめる手立てはあるか，帰れないときの連絡の手立てはあるか）

□決められた時間に決められた勉強をする（どの程度まで一人でできるか，無理をさせていないか）

□夕方の手伝いをする（買い物，ふろ掃除，食事の支度や後片づけ，洗濯物たたみなど）

□食事をとる（食事のマナーはどうか＝食器の使い方，姿勢，食べる量，時間，偏食など）

□明日の支度をする（時間割，学校に持っていくものをそろえるなど）

□入浴する（入浴のマナーはどうか＝着替えを浴室まで持っていくか，からだや髪の洗い方はどうか，からだはふいて出てくるか，入っている時間はどれくらいかなど）

□きょうだいと穏やかに過ごす

□余暇を適切に過ごす（テレビやゲームは決められた時間を守れるか，テレビやゲーム以外にすることがあるかなど）

□時間になったら就寝する（一人で寝られるか，寝付きはいいかなど）

□穏やかに一日を終わる（親子の関係は悪くなっていないか，反抗が強まっていないか）

休日の過ごし方

□休日の生活パターンはおおかた決まっている

□休日にやることになっている家の手伝いをする（掃除，料理など）

□休日を楽しく過ごせる余暇活動がある（趣味，遊び，地域のサークル活動・行事など）

□留守番をする（留守番中にすることがあるか，困ったときの手立てはあるか＝親の携帯に電話するなど）

□はじめて行く場所で穏やかに過ごす（移動中の行動は適切か，行った先でパニックになったりしないかなど）

□一人で外出する（交通機関は使えるか，お金の管理はできるか，迷ったときの手立てはあるか）

□外食をする（マナーを守れるか，好きなものを注文できるかなど）

●チェックリストの使い方（先生方へのメッセージ）

1．保護者といっしょにチェックしてください

2．できる，できないをチェックするだけでなく，子どもに家庭でどういったことを身につけさせる必要があるかを考えることが大切です

3．すでにできていることにも注目してください。親の努力が実って，ようやくできるようになったこともあるはずです。チェックをしながら，保護者を励ますことも忘れてはいけません

容とを図示した生活マップを作ったりしてみると、それまで見過ごしていた課題が見つかることがある。

②支援の柱

　個別の指導計画の中で、最も重要なのが「支援の柱」である。これは、「子どもに何を身につけさせるか」といった、支援のねらいである。子どもに身につけさせたい力を考える場合、次の三つの観点から検討するとよい。

観点1（事実性）

　①で記入した子どもの実態に合わせて、必要な支援を考える。ボトムアップ的な観点と言える。

観点2（規範性）

　その年齢の子どもに期待される行動を身につけさせるという観点である。特に、人間関係や社会性にかかわる内容が重要になる。トップダウン的な考え方である。

　例＝小学校低学年の頃は、いろいろなグループで活動する経験をさせる。中学年では、笛や朗読など、めあてにあったグループで活動することを通して、周りの子どもに認めてもらう実感をもたせる。そして、高学年以降では、少人数の集団で力を発揮する経験を積ませる。この時期になると、自分を知ること、援助を求める方法を知ることが大切になる。

観点3（長期的見通し）

　先を見通して、その子に必要な力を吟味する。とりわけ小学校中学年以降では、将来その子が生活をする環境で必要とされるであろう生活スキルや社会的行動を想定し、それらにつながる支援の柱を考える必要がある。もちろん、これには家庭との連携が不可欠である。

　例＝買い物の仕方やお金の管理／外出時の行動（交通機関の利用・周囲の人との接触・定刻までの帰宅）、仕事を任されたときの行動（終わったときの報告・困ったときの相談など）、友だちとの約束の仕方や約束が変更になったときの対応。

　また、学年が進むにつれて起こりがちなトラブルについても、知っておいたほうがよい。特に、思春期、青年期を迎えたときの問題は、専門家から助言を求めるといい。

例＝周りの子どもが急激に育ってくる小学校三年後半と六年半ばころに、集団から遠ざかりがちになる時期がある。高学年や中学校になると、発達障害のある子を利用する子どもが出てくる。本人はそういう子どもにあこがれ、また、相手をしてくれるものだからどこにでもついていってしまう。中学校以降、自己認知力を育てることが大切である。本人の適性とはかけ離れた職業を希望する子どもも多い。なお、思春期以降の経過がたいへん悪いケースがあるので注意が必要である。

③支援の方法

通常の学級に在籍する子どものための「個別の指導計画」では、「支援体制」について書く欄があるといい。また、「支援者」を明記することで、それぞれの支援を行う教員の単位（メンバー）がはっきりする。

④評価

前回のケース会以降に実施した教育支援の評価を、簡潔に記入する。

●個別の指導計画を活用する

作成した個別の指導計画は、主に、ケース会と保護者面談の場で活用したい。ケース会では、次のような活用方法が考えられる。

○担任や支援に加わっている教員から、最近の子どもの実態（指導計画の①）について報告してもらう。

○それをもとに、支援の柱（指導計画の②）としたことの、何ができて何ができなかったのかを整理する。

○うまくいったこと、いかなかったことの両方について、支援の方法（指導計画の③）と対応させながら、その要因を検討する。

○個別の指導計画に変更を要するのは、二つの場合である。一つは、支援の柱に向けた指導をさらに充実させるために、支援の方法を変更することである。もう一つは、支援の柱を変更すること、つまり新たな柱を設けたり、これまでの柱を変更したりすることである。

○個別の指導計画は、ケース会のたびに更新される。変更を加えた個別の指導計画は、ケース会の記録として残す。

一方、個別の指導計画は、保護者との定期的な面談の席でも活用したい。子どもの学校での様子を伝えるとともに、どういうことを身につけさせるために、学校では今どのように取り組んでいるのかを、個別の指導計画を示しながら説明する。そのうえで、保護者の意見や希望を聞きながら、今の子どもの実態をどう理解し、今後どう育てていくのかを話し合いたい。

●個別の教育支援計画への発展

子どものライフスパンを見通した「個別の教育支援計画」は、「個別の指導計画」を縦と横に広げたものだと考えると分かりやすい。

縦への広がりというのは、就学前の情報（保育園・幼稚園、訓練・療育機関など）、および卒業後の見通し（本人の希望、当面の進路など）である。横への広がりについては、医療・福祉・労働に関する機関や地域の資源など（地域サークル、習い事など）を活用した支援が、計画に盛り込まれる。

特別支援教育の理念としては、はじめに「個別の教育支援計画」があって、その中に「個別の指導計画」が位置づけられるということになる。

しかし、実際に教育支援を進めるうえでは、まず「個別の指導計画」を作り、それを拡張して「個別の教育支援計画」を練り上げるといった手順をとったほうが現実的である。

組織的支援の実践にあたって（「実施」の段階）

記録を取る

●教育支援の記録を残す

多くの学校では、組織的支援とまではいかないにしても、すでに必要に応じて、個々の子どもへの教育支援を行っている。このときに、担任をはじめ、支援にかかわった教員は、ぜひ記録を残してほしい。

メモでもなんでもよい。「①教師が何をして、それに対して、②子どもがどのような反応を示したのか」ということさえ書いてあればよい。校内委員会やケース会を開くときに、貴重な資料になる。

●トラブル時の記録を取る

パニックや友だちとのけんかなどが絶えない場合、いつ、どういう場面で起こるのか、詳しく記録をとりたい（3章図1）。紙の上に書き込んでみると、思わぬ発見があるものだし、そこから支援の手立てが浮かんでくる。

小さな積み重ねから

教職員同士が話し合い、協力できそうなことから少しずつ取り組んでみる。小さな積み重ねがあってこそ、組織的支援は実現される。

例1＝環境整備——小学校で

小学校二年生のＡＤＨＤの子どもが、外の様子が気になって授業に集中できなかった。窓にフィルムを貼ることを考えたのだが、そのクラスだけというのもどうかという話になった。同じフロアのほかの教室にも、施工することにした。

例2＝環境整備——保育園・幼稚園

ある保育園では、登園時や給食のときの手順表をすべての教室に貼った。手順表のほかにも、構造化のアイディア（2章コラム）を生かした手立てが随所に見られた。発達障害のある子どもに何とか対応しなくてはと、職員が協力して始めた取り組みである。

例3＝給食室で——小学校

偏食が激しい子どもに、給食室の調理員が配慮をしてくれた。

ある小学校では、ピーマンがどうしても食べられない高機能自閉症の子どものために、ピーマンを抜いた給食を用意してくれた。給食室に取りにいった子どもは、「ありがとうございます」と、調理員にお礼を言っていた。

別の小学校には、混ぜご飯が食べられない自閉症の子どもが通っていた。調理員は、白いご飯と具とを別々に用意してくれた。本人は、教室にそれを運ぶと、白飯に具をのせて食べ始めた。「それじゃ、混ぜご飯と同じことじゃない」と、思わず笑ってしまった一コマだった。

中学校における実践のヒント

中学校で特別支援教育を推進する場合、当面は、次に挙げる三つの側面に着目してほしい。

●授業の中での配慮

たとえば、周りの生徒に支えられながら、一見穏やかな学校生活を過ごしている高機能自閉症の生徒がいる。学業成績はそこそこであっても、この子たちは、教師の話がほとんど理解できていなかったりする。授業中にぼんやりしていたり、与えられた課題とは関係のないことをしていたりする彼らには、いま何をすべきなのか、本人に直接指示してやってほしい。するべきことが分かると、彼らはとても安心する。

また、学習障害のある生徒には、学習上のつまずきに対して、ちょっとした配慮をするだけでも違う。できれば、この子たちの抱える「困り感」について、学年団で話し合ってみてほしい。「困り感」に気づいてやれさえすれば、手立てはおのずから見つかってくるものである。

事例（中一）試行錯誤から生まれた支援の手立て

小学校のときに高機能自閉症と診断された遼君。中学生になっても、こだわりや思いこみが激しかった。

そんな遼君に、学年団の教員は、彼が混乱するのを少しでも減らそうと、あの手この手の支援を試みた。学級担任を中心に、それぞれの教科担任は成功例を持ち寄った。

「隣の席の生徒とプリントを交換して答合わせをすると、答を修正されるのが耐えられないようだ。彼のクラスだけは、教師が答のチェックをすることにした」「本人なりに手応えがあったテストは、百点でないと気がすまないらしい。そういうときに誤りの箇所があると、パニックになることがある。テストを返す前に、『問題は易しかったけれど、間違っていた人もたくさんいました』と言ってから返却したら大丈夫だった」「給食当番のとき、その日に運ぶことになっていた容器がなかったため、大騒ぎになった。変更があるときには、前もって伝えておくといい」「『どうする？』という質問にはなかなか答えられない。たとえば、『持ってくるのか、持ってこないのかどちらにしますか』と尋ねるといいようだ」。

次々とアイディアが出された。中学校生活にチャレンジする遼君。それを支える教員もまた、遼君の教育支援に向けて挑戦を続けていた。

●教育相談における対応

発達障害のある子どもの多くは、中学校の生活に適応するために、ひじょうに強いストレスを感じている。周りの生徒の行動や言動についていけない彼らは、教室の中で孤立したり、ときには学校に行きづらくなったりする。

こういう彼らには、学校の中で相談相手になってくれる人がいるとありがたい。見通しのもてない学校生活への不安、学習や進路の悩み、そして人間関係のしんどさなどについて、ぜひ話を聴いてあげてほしい。同じ話を何度もする彼らだが、学校生活の様々な場面でどう振る舞ったらいいのか、また何をどのように努力したらいいのかといったことを、その都度具体的に、できれば紙に書いてアドバイスするとよく分かってくれる。

●生徒指導の枠組みに発達障害の視点を導入する

発達障害のある生徒のうち、一部の子どもについては、生徒指導上相当に厳しい対応を迫られる。彼らがトラブルを起こすと、教師の予想をはるかに超える問題に発展してしまうことがある。

ひとたび問題がこじれてしまうと、教師との人間関係を取り持つのが困難になる。生徒指導にかけてはベテランの教師にさえ、「あの生徒には指導が入らない」と言わせてしまう。

こうした生徒の行動を理解し、支援していくためには、どうしても発達障害といった視点からのアプローチが必要になる。安易な受容的かかわりや、厳しいだけの生徒指導は危険である。

問題行動に対しては、専門家による介入が必要なときもある。保護者ともよく話をし、もしそれまでどこにも相談に行ったことがないのであれば、卒業後のフォローを任せられる専門機関を早めに紹介したい。社会に出るまでに、もはや時間的な余裕はない。

組織的支援を支える取り組み

校内研修をもつ

●外部の講師を呼ぶときに

特別支援教育に関する研修を、外部の講師を呼んで行うことがある。そうしたときに、ぜひ心がけたいのが、校内でなければできない研修を企画することである。問題意識の薄い学校で行う一般的な講演会は無益である。

外部の講師を呼ぶときには、次のようなプランが考えられる。

○五または五・六校時に授業を見てもらう

気になる子どもが在籍している学級を見てもらうとよい。学校の規模によっては、すべての学級の様子を見てもらう。その際、座席表は用意したい。担任が気になることがらを、ひと言書きこんでおくとなおよい。

学校の事情に詳しい専門家ならば、支援が必要な子どもの実態だけでなく、周りの子どもとの関係や学級経営上の問題についても指摘してくれる。教室の実情に合わせた具体的なアドバイスをもらうために、専門家を教室に案内するのである。

なお、小学校高学年や中学校では、特定の教室だけに外部の専門家が入ると、「○○（発達障害のある子ども）を見に来た」という子どもの声が聞こえてくることがある。このような場合、少なくとも同学年の教室はすべて回るといった配慮が必要である。

○全体研修をする

発達障害のある子どもをどう理解し、それに対応して学校では具体的にどう指導したらよいのかについて、一時間程度の講話をしてもらう。授業を参観して気づいたことも盛り込んでもらえるとありがたい。

○専門家を交えたケース会をする

時間が許す限り、ケース会がもてるとよい。

学校によっては、校長が担任だけを呼んで話を聞かせてほしいと依頼することもあるが、これはちょっと寂しすぎる。一方、全体研修が終わるや、たくさんの教師が校長室に押し寄せてくれるところもある。専門家には、学校の熱意が、こういうところで伝わる。

○校内研修は様々な形で

特別支援教育の研修を単独で実施することが難しければ、ほかの校内研修に取り込む形で計画したらよい。むしろ、そのような研修スタイルの方が、実のある研修になることも多い。というのも、生徒指導や教育相談をはじめ、人権、学級経営、授業づくりなど、関連する校務の中に位置付いてこそ、特別支援教育が学校に根づくからである。

また、学力向上フロンティアといった研究指定の取り組みの中に、特別支援教育の視点を取り入れて研究を進めている学校もある。こういうアイディアが、研修の企画には必要である。

●保護者への啓発活動

特別支援教育のコーディネーターを誰が担当し、学校としてどういう取り組みをしているのかは、すべての保護者に伝えたい。第8章でとり上げたような保護者間のトラブルを回避するためにも、ぜひ必要なことである。

また、これは発達障害のある子どもの保護者が強く望んできたことでもある。保護者からすると、「特別に」お願いしなくても、学校のシステムとして支援が受けられるのだということを公表してもらえる安心感は大きい。そして、周りの保護者への理解を学校が後押ししてくれるのは、何より心強い。

医療機関とのかかわり

●診断と医療的ケア

医療機関に依頼すべきことは、障害の診断と医療的ケアである。教育支援によって可能な限りの手を尽くしてもなお、医療の助けが必要な子どもはいる。また、中学校卒業後に医療的ケアが必要になる子どもも少なくない。医療機関とは上手にかかわりをもちたい。

●学校の主体性

奇異に聞こえるかもしれないが、医療機関には、学校での支援の手だてを尋ねてはいけない。その子の発達障害にどのような特徴があり、どういう配慮が一般的に必要なのかについては、詳しく説明してもらったらよい。しかし、それを聞いたうえで、学校でどう支援するかを考えるのは教師の仕事である。

既に診断が下っている子どもの場合も同じである。学校は、医療機関の下請けではない。学校は学校として、子どもの支援に主体性をもたなくてはならない。

幼保—小・小—中連携を図る

●できていない引継ぎ

保育園や幼稚園では、保護者と面談を繰り返し、卒園間際になってようやく子どもの問題に気づいてもらえたということがある。それを何とか小学校にも伝えようとするのだが、なかなか理解が得られなかったりする。同じことが、小学校から中学校への引継ぎでも起こる。たくさんの資料を用意して事細かに伝達しても、中学校では、生徒指導係のところで話が止まっていたということはよくある。

双方が、連携する相手の立場にたって情報を交換しないと、連携の意味は半減する。しかし、これまでのような引継ぎの方式では、限界があるのも事実である。

●相互乗り入れ

そこで、やはり大切なのは、お互いが足を運ぶことである。

事例（幼稚園）　幼稚園に足を運ぶ

二月の半ばころ、ある幼稚園を訪ねた。年長組に気になる子どもがいるので、見てくれないかということだった。

集団でゲームをしたりする楽しそうなひとときだった。ただ、気になったのは、クラス全体が、年長の子どもにしては集中力に欠けていることだった。しかも、「気になる」と言われていた園児の

ほかにも、さらに数人の子どもたちの動きが目についた。

「このクラスの様子を、小学校の先生は知っていますか」と尋ねたところ、「元気な子どもたち」程度のことしか伝わっていないということだった。これはまずいと思い、できれば今すぐ小学校の先生に来てもらえないものかと、無理を承知で園長に頼んだ。園長も学校の先生もすぐに動いてくれた。

学校から駆けつけた教頭と教務主任には、先ほどから気になっていたことを話した。ベテランの教師二人は、子どもたちの様子をしばらく見てから、「これは、たいへん」とつぶやいた。

幼稚園の先生に聞くと、「これでもずいぶん落ち着いたんです」と、これまでの苦労を語ってくれた。その苦労は、学校の先生にも、実感として分かるようだった。子どもを目の前にしたこうしたやり取りこそが、本来の引継ぎである。

組織的支援のアイディア

さて、本章の最後に、組織的支援のアイディアをいくつか紹介する。いずれも、特別支援教育コーディネーターや校内委員会といったものが提案される前に、自然発生的にできたものである。

これらの学校では、発達障害のある子どもだけでなく、支援が必要な児童すべてを対象として、学校全体での教育支援を行っている。したがって、本章で述べた特別支援教育コーディネーターや校内委員会を軸とした体制づくりそのものではない。むしろ、それを包括する、より安定感のある組織づくりである。

特別支援教育を、「特別」なものにしないためのアイディアだと考えてもらえたら幸いである。

「個別支援システム」による組織的支援

冒頭のエピソードでとり上げたS小学校（児童数五三〇、学級数一九［うち、障害児学級二、言語障害通級指導教室二］）では、六年ほど前から組織的な個別支援を行ってきた。取り組みのきっかけは、生徒指導上のトラブルに対処するためだったが、その後、特別支援教育の動きが追い風になって、現在ある個別支援システムが構築された。

●個別支援時程表の活用

〈表4〉は、この学校が独自に作成している「個別支援時程表」である。

縦軸には、支援が必要な子どもの名まえが並ぶ。一枚の用紙には収まりきれず、数枚にわたることもある。横軸は、月曜から金曜までを時程で区切ってある。

※表の作成については，岡山大学教育学部 小出研究室の協力を得た。

着脱等）　家：家庭訪問でのプレイセラピー
相:教育相談室　職:職員室　体:体育館　運:運動場　た:たんぽぽ学級　昇:昇降口
のスタッフ）

9月1日現在

職員正=教育補助員・SPの正規業務
担任=担任補教業務
担外補=担任外の補教業務
ボラ=ボランティア業務

木曜日												金曜日												備考	支援時教							
始業前	I		業間	II		給食	自主活動	学年時間	III		放課後	始業前	I		業間	II		給食	自主活動	学年時間	III		放課後		授業				授業外			
	前	後		前	後				前	後			前	後		前	後				前	後			職員正	担任補	担外補	ボラ	職員正	担任補	担外補	ボラ
	算 教 松本					教 山田											生 教 中島	教 中島							8		2					
																			教 加藤										4			
	こ 山													算 相 山田																		
																											3					
					体 運 松本																											

表の中には、どの時間帯に、だれが、どこで支援に入るのかが細かく記されている。支援の内容は、登校時のスケジュール管理、算数の時間の取り出し指導、肢体不自由の子どもに対する教室移動の補助など、様々である。

支援要員は、担任をもたない担任外部会を中心に、担任をもちながらも空き時間を提供している教師、そして非常勤の教育補助員などである。

毎朝、支援に入るスタッフは、授業開始前に簡単な打ち合わせをする。子どもの出欠状況や、登校時の調子などに合わせて支援の調整をするためである。

●支援ニーズの検討と時程表の更新

学期の途中では、刻一刻と支援ニーズが変化する。学校全体のニーズの検討は、定期的に開催される教育相談委員会が行う。支援の見たてを要する子どもが出てきた場合、別日程でケース会をもつ。学級単位での支援が必要だと判断された場合も同様である。

表4　個別支援時程表

H15個別支援時程表（個人別 場所別）	表の見方		
		上段	支援内容	国：国語　算：算数　生：生活全般　介：介助（給食、靴の
		中段	支援場所	教:教室　保:保健室　リ:リソースルーム　こ:ことばの教室
		下段	支援者	支援者名を記入（網掛けは，学生ボラ，保護者など，職員外

学年	組	氏名	番号	月曜日											
				始業前	Ⅰ 前	Ⅰ 後	業間	Ⅱ 前	Ⅱ 後	給食	自主活動	学年時間	Ⅲ 前	Ⅲ 後	放課後
		A			国	体		算	算						
					教	運		数	数	数					
					木村	木村		木村	加藤	加藤					
		B			音			算							
					教			教			教				
					加藤			加藤			加藤				
		K				算									
						リ									
						清水									
		L													
				山田											
		M							教				体		
						図	図		図				体		
						林	林		林				加藤		

学年	組	氏名	番号	火曜日											
				始業前	Ⅰ 前	Ⅰ 後	業間	Ⅱ 前	Ⅱ 後	給食	自主活動	学年時間	Ⅲ 前	Ⅲ 後	放課後
		A				生		国	国						
						教	教	教	教	教					
						井上	井上	井上	井上	井上					
		B													
						田									
		K													
		L													
					山田										
		M													

学年	組	氏名	番号	水曜日											
				始業前	Ⅰ 前	Ⅰ 後	業間	Ⅱ 前	Ⅱ 後	給食	自主活動	学年時間	Ⅲ 前	Ⅲ 後	放課後
		A							国						
									教	教					
									加藤	加藤					
		B			道			算							
					教			教			教				
					加藤			加藤			加藤				
		K													
		L													
					山田										
		M					体								
							運								
							加藤								

ケース会の結論を受け、学校全体の支援バランスを考慮した新たな支援計画が、時程表に書き込まれる。子どもによっては、試行的に支援を取りやめることもある。こうして時程表は、学期中に何度も更新される。

「学年担任制」による支援

たくさんの学校を訪問して気づくことなのだが、学年団の連携がとれている小学校には共通して、子どもたちが穏やかに学ぶ姿がある。岡山市立T小学校（児童数六九〇、学級数二三［うち、障害児学級二］）では、「学年担任制」とも言える組織による教育活動を推進してきた。

●学年団の結束

校舎内を歩いてすぐ目に入ってくるのが、教室や廊下の整然とした風景である。壁面には、その学年の教師が熱心に話し合った跡がある。学年団として統一された、教師たちの主張が聞こえてくる（写真1）。

また、階段を上がった所には、学年の週行事を記したボードがある（写真2）。小学校では、あまり見かけることのないものである。このような掲示板は子どもたちに、その学年への所属感を高める。

●学年団の間をつなぐ

この学校の特色は、これだけではない。各学年団は、更に学校全体の組織の中でつながり合っている。

どこの学校にもいる教務主任・生徒指導主事・保健主事には、この学校固有の役割がある。三人の教師が、それぞれ低・中・高学年を担当し、子どもの様子や学年団としての動きを把握するのである。

この三名に校長・教頭が加わって、「教務部」を構成している。毎週初めに行われる部会では、学年ごとの現況が報告される。更に月一回は、教務部に各学年主任が加わる企画委員会がある。委員

写真1

3枚の写真は，どれも別々の教室（5年生）である。学年団としての連帯の中に，それぞれのクラスの個性がある。

写真2

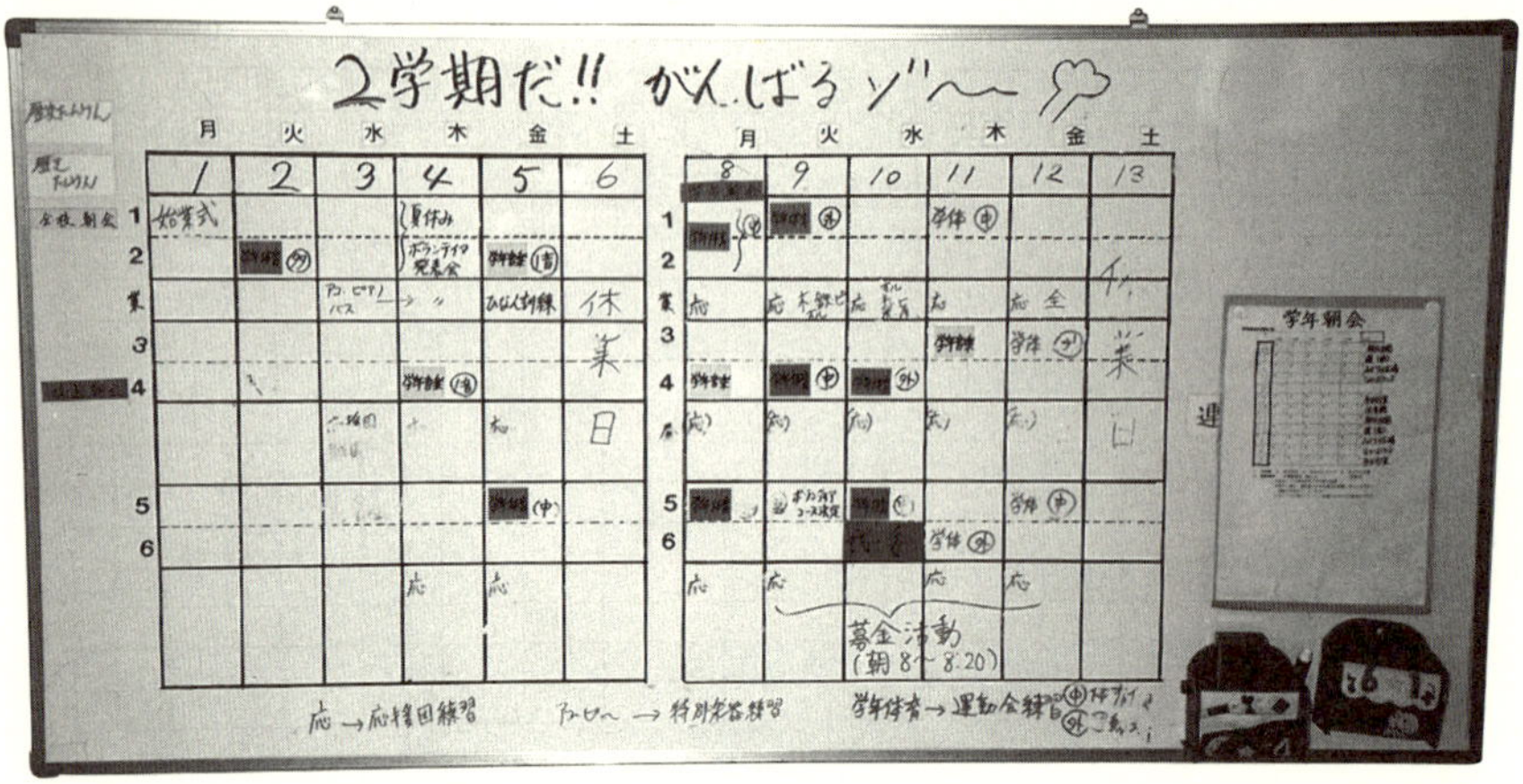

会の前半三〇分では、学年の子どもたちの話題をとり上げる。

●連帯感の響き合いが個を支える

Ｔ小学校には、組織としての足腰の強さがある。その一方で、学年団を越えた柔軟な個別対応ができるのも、この学校のすばらしさである。

高機能自閉症の子どもの指導について問題になると、すぐに校内研修が開催された。研修の後、学年団を中心に当面の指導方針がたてられた。とりあえず、一週間やってみることにした。

一〇日ほどたって、再度ケース会が開かれた。驚いたことに、他学年の教師もどっと集まっていた。その子の支援に、全員が関心を示してくれた。と同時に、自分たちの学年団にもいる同じような子どもに、どう対応したらよいかといった問題意識が、参加した教師にはあった。

この学校では、学年で子どもを見ていくのだという連帯感が、学年団の枠を越えて響き合っている。それが、一人ひとりの子どもを確実に支えている。

「学び合いの授業づくり」を通して

発達障害のある子どもへの個別的支援をすればするほど、学級経営や授業づくりの重要性を痛感する。岡山県K町立T小学校（児童数七〇、学級数七〔うち、障害児学級二〕）では、校内での授業公開を通して、子ども同士が学び合う授業づくりに取り組んでいる。

●学級のしんどさから

T小学校は、静かな山間にある小規模校である。オープンスペースをもつ校舎は、とても開放的だ。

連休も明けて、しばらくした一年生の教室だった。授業に集中できない子どもが何人もいて、日によっては教室が騒然とすることがあった。全職員が協力して、対応を考えた。授業に見通しをつけたり、個別指導をとり入れたりして、学級はなんとか持ちこたえた。

●学び合う授業づくりに向けて

こうした出来事を一つのきっかけとしてこの学校では、協同的な学びをテーマに、教職員が研修を始めた。子ども同士をつなぐ授業をどうつくったらよいか、相互に授業を公開しながら協議を重ねてきた。

丸一年たった二学期の初め、二年に進級したあの子たちの授業だった。

音楽の時間、『かぼちゃ』の歌のCDに合わせて、リズム伴奏をする活動である。

四人一組で、まずはグループ練習。練習が済むと、グループごとの発表である。かつて、糸が切れたように教室を出ていくことのあった子どもも、学び合いの輪にしっかりとつなぎ留められていた。子ども同士のつながりの中に一人ひとりの居場所が確保され、子どもたちは、それぞれの持ち場で生き生きと演奏していた。

発表が終わって、子どもたちはほかのグループの演奏について感想を語った。子どもたちのことばを、担任は丁寧につないでいった。
　彼らの成長をまのあたりにして、こうした授業づくりに学校全体で取り組むことが、明らかに子どもを変えるのだと確信した。また教職員のつながりは、校内の環境も大きく変えた。オープンスペースは、子どもたちを迎え入れるホスピタリティ（もてなし）の空間になっていた（写真3）。

写真3

Column

学校の課題を知るための チェックリスト

□学校全体として，支援が必要な子どもの実態把握はできているか

□子どもの問題を話す機会があるか

ケース会・校内委員会の回数は十分か，話し合いの単位（メンバー）は決まっているか，報告だけに終わっていないか

□子どもの問題が校内で共有できているか

情報がどこかで止まっていないか，情報が止まらないようなシステムがあるか

□教員同士がつながっているか

教員の「困り感」を，私的な関係以外で相談できる場所が校内にあるか

□教員が協力して支援をするという風土があるか

「組織の力を使う」ことの利点を教員が実感しているか

□保護者の不安に学校として対応できているか

□特別支援に対する管理職の認識・熱意・リーダーシップはあるか

□校内の支援リソース（資源）は把握されているか

確認したいリソースは，①人（専門知識や技術のある教員／特定のサービスを提供できる教員／リーダーシップをとれる教員等，②場所（支援のために使えるスペース），③時間（それぞれの教員が支援のために使える時間）である。

□リソースを活用するためのシステムがあるか（リソースがあってもそれを動かすシステムがないと，教育支援は機能しない）

□専門機関との連携ルートはあるか

全職員がそれを知っているか

□学校や教員の主体性はあるか

医療機関や専門家・巡回相談員に問題を丸投げしていないか

□校内研修は効果的に行われているか

Column

校内委員会と特別支援教育コーディネーターの役割

●校内委員会の役割

・学習面や行動面で特別な教育的支援が必要な児童生徒に早期に気づく
・特別な教育的支援が必要な児童生徒の実態把握を行い，学級担任の指導への支援方策を具体化する
・保護者や関係機関と連携して，特別な教育的支援を必要とする個別の教育支援計画を作成する
・校内関係者と連携して，特別な教育的支援を必要とする個別の指導計画を作成する
・特別な教育的支援が必要な児童生徒への指導とその保護者との連携について，全教職員の共通理解を図る。またそのための校内研修を推進する
・専門家に判断を求めるかどうかを検討する。なお，ＬＤ，ＡＤＨＤ，高機能自閉症の判断を教員が行うものではないことに十分注意する
・保護者相談の窓口となるとともに，理解推進の中心となる

これらの機能を一度にすべて満足させなくとも，徐々に機能を拡充していく方法をとることで，これらの基本的な役割を満たしていくことも考えられる

●特別支援教育コーディネーターの役割

特別支援教育コーディネーターは，学校内の関係者や外部の関係機関との連絡調整役，保護者に対する相談窓口，担任への支援，校内委員会の運営や推進役といった役割を担っている。具体的には次のような活動が考えられる

（校内における役割）

・校内委員会のための情報の収集・準備
・担任への支援
・校内研修の企画・運営

（外部の関係機関との連絡調整などの役割）

・関係機関の情報収集・整理

・専門機関等への相談をする際の情報収集と連絡調整
・専門家チーム，巡回相談員との連携
（保護者に対する相談窓口）

（「小・中学校におけるＬＤ（学習障害），ＡＤＨＤ（注意欠陥／多動性障害），高機能自閉症の児童生徒への教育支援体制の整備のためのガイドライン（試案）ー文部科学省（平成１６年１月）」より抜粋）

あとがき

学研の実践障害児教育に連載後も、学校を訪問するたびに、たくさんのエピソードを持ち帰ってきた。脱稿から初稿までの間に、また書き足したいことができ、許される限りに加筆した。しかし、本文に収まりきれなかったのが、二週間前に出かけたある小学校の取り組みから学んだことだった。

五時間目のはじめの十五分は、学校ぐるみでプリント学習に取り組む「スキルタイム」である。校舎全体が静まりかえっていた。やがて、タイマーのブザーが鳴ると、小学校らしい子どもたちの声が戻ってきた。それぞれの教室では、教科の授業が始まった。

教室を訪ねて感じたのは、子どもたちの表情が、自信と安心感に満ちていることだった。もちろん、発達障害のある子どもも例外ではなかった。

なぜだろうと思いつつ、周囲を見回した。古い建物なのだが、廊下がとてもきれいである。どの教室の前にも、掃除用具が整然と並んでいる。札がかかっていて、用具ごとに数をチェックするようになっている。掃除は縦割りでしていて、他にも朝読書をはじめ学校全体で取り組んでいる活動がいくつかあるとのことだった。どれも、二年前から始めたのだという。

この学校は、学校全体が「構造化」されているようなところがあった。やるべきことやり方がはっきりと示されているから、どの子も何をしたらいいのかがよく分かる。互いがモデルになりながら、子どもたちが育ち合っている。

発達障害のある子どもたちは、周りの子たちの「学び方を学ぶ」ことで、学校でのいわば「学びの作法」を覚える。「構造化」によって、学びの形式がはっきりしているだけに、周りの子どもたちがどのように学んでいるのかがよく見える。しかも、入学してから同じ時間に同じやり方で、朝読書、縦割り掃除、そしてスキルタイムを毎日繰り返せば、三年もたつとたいていの子どもはきちんとできるようになる。

「組織的支援」の重要性が強調されている。特別支援教育コーディネーターや校内委員会を設置することはけっこうである。しかしより大切なのは、学校の教育活動全体を組織化することではないだろうか。「組織的支援」には、「個の子どもの支援にかかわる組織化」と「教育活動全般にわたる組織化」の両方が必要である。このことが、この本を送り出す現時点で著者がたどり着いた、とりあえずの結論である。

本書は、その大半が、現場でお会いした先生方の実践を素材にして書かれている。数々の事例、学級経営の基本、そして個別の指導計画の書式や支援システムのアイディアなど、いただいたものは数えきれない。お一人ずつお名前を挙げることはできないが、心からお礼を申し上げたい。

最後に、編集に力を尽くしてくださった師岡秀治さんと山田剛一郎さんには、たいへんお世話になった。「いい本を世に出したい」というお二人の熱意があってこそ、著者なりに納得のいく本を出版することができた。

佐藤　暁

著者プロフィール

佐藤　暁（さとう　さとる）

1959年，埼玉県生まれ。筑波大学第二学群人間学類卒業。同大学院教育研究科修了。岡山大学助教授（教育学部障害児教育講座）。博士（学校教育学）。専門は，特別支援教育臨床。数多くの学校・幼稚園・保育園を訪ね，現場の実情に合った特別支援教育のありかたを模索している。

著書：『脳性まひ児の動作不自由と動作発達』（風間書房，2002年），『特別支援教育とこれからの養護学校』（ミネルヴァ書房，2004年，共著）他

※本書は、『月刊実践障害児教育』2003年4月号～2004年3月号に連載した「ＬＤ＆ＡＤＨＤ＆アスペルガー・高機能自閉症の子どもへ　通常の学級で学ぶ発達障害児への教育的支援の実際」をもとに，大幅に加筆・再編集したものである。

ヒューマンケアブックス

発達障害のある子の困り感に寄り添う支援

――通常の学級に学ぶLD・ADHD・アスペの子どもへの手立て

発行　二〇〇四年九月一日　第一刷
　　　二〇〇五年五月九日　第五刷

著者　佐藤　曉

発行所　株式会社　学習研究社(学研)
〒一四五・八五〇二　東京都大田区上池台四―四〇―五

発行人　太丸伸章

編集人　師岡秀治

編集長　師岡秀治

編集協力　山田剛一郎

装丁・デザイン　天野　誠

装丁画　江口修平

本文画　野崎加代子・ふらんそわ～ず吉本・松本るい

DTP　学研デジタル編集センター(製作資材部)

印刷所　東京書籍印刷株式会社

この本に関するお問い合わせは、①内容については、03―3726―8450　②販売については、03―3726―8188　③その他については、〒一四六―八五〇二　東京都大田区仲池上一―一七―一五　学研お客様センター、03―3726―8124までお知らせください。

発達障害のある子どものために
学研のヒューマンケアブックスを!!

TEACCHビジュアル図鑑
自閉症児のための絵で見る構造化

佐々木正美／監修・指導・文
宮原一郎／画
B5判・80頁・
定価：1,995円（税込）

自閉症児が自分をとりまいている世界や情報を理解して，安心して自主的に行動し振る舞い，学習や生活することができるようにするためには，どうしたらいいのか。TEACCHプログラムによる構造化の実際がイラストで示されているビジュアル図鑑。

ドクターサカキハラのADHDの医学

榊原洋一／著
A5判・176頁・
定価：1,785円（税込）

注意欠陥多動性障害といわれるADHDについての最新の医学知識を，著者は豊富な臨床経験とともに分かりやすく紹介している。診断基準，併存障害，学力との問題，また治療法も薬物療法や行動療法などの非薬物療法まで詳しく解説。

アスペルガー症候群と高機能自閉症の理解とサポート

杉山登志郎／編著
A5判・192頁・
定価：1,890円（税込）

言葉や知的発達に遅れはないが，コミュニケーションが苦手なアスペルガー症候群や高機能自閉症などの子どもたち。彼らの教育や療育に日々携わる人々が，理解とサポートについて分かりやすく解説した実践書。手記や座談会も交え，幼児期から就労期までの成長を見すえた多角的な内容。

特別支援教育のための精神・神経医学

杉山登志郎／原 仁［共著］
A5判・208頁・
定価：1,890円（税込）

特別支援教育，障害児教育に関わる教師や保護者，研究者のための本。自閉症，アスペルガー症候群，LD，ADHD，ダウン症，てんかんなどの子どもたちの理解や支援をするための最新の医学知識を分かりやすく紹介。

学研　出版営業部
〒145-8502 東京都大田区上池台4-40-5　　TEL 03-3726-8188
●ご注文は書店へお願いします
●ご不便な場合はブックサービスへ　※この場合は別途送料がかかります
TEL 03-3817-0711 FAX 03-3818-5969